Álvaro Gómez Contreras

IL CUORE
OLTRE L'OSTACOLO

*Mindfulness per trovare il coraggio
di vivere e affermarsi*

Traduzione di Giulia Fossati

Titolo originale: *Vivir de corazón. Mindfulness para una generación atónita*
Traduzione dall'originale castigliano
di *Giulia Fossati*

Per essere informato sulle novità
del Gruppo editoriale Mauri Spagnol visita:
www.illibraio.it
Il sito di chi ama i libri

PROPRIETÀ LETTERARIA RISERVATA

Copyright © Álvaro Gómez, 2014
Published by arrangement with Meucci Agency - Milan

Casa Editrice Corbaccio è un marchio di Garzanti S.r.l.
Gruppo editoriale Mauri Spagnol

© 2015 Garzanti S.r.l., Milano

www.corbaccio.it

ISBN 978-88-6380-901-5

Per Izas
Lascia scorrere ogni momento.

Introduzione

La difficoltà di essere mentalmente presenti a se stessi è una delle trappole mentali più frequenti: la nostra mente tende alla dispersione e per questo è importante sviluppare una pratica di vita che ci aiuti a rimanere centrati. Questa pratica si chiama *Mindfulness*.

Grazie allo sviluppo dell'atteggiamento mentale che ci porta a vivere il momento presente, invece di perderci in pensieri sul passato o sul futuro, sviluppiamo la capacità di vedere con chiarezza come pensiamo, cosa sentiamo e come agiamo, oltre a interpretare con più facilità come pensano, cosa sentono e come agiscono gli altri.

Una mente centrata agisce col cuore, è autentica e riesce a vivere ascoltando i propri desideri.

Questo libro ci insegna a stare nel momento presente per poter *vivere ascoltando quello che ci dice il cuore*, a sviluppare la capacità di capire come vorremmo vivere e quali sono le abitudini, le false convinzioni e le paure che ce lo impediscono.

Vivere secondo i dettami del cuore sarebbe molto semplice se non ci fossimo costruiti una serie di barriere mentali che ce lo impediscono: la *Mindfulness* ci aiuta a vederle, a comprenderle e a superarle.

Mindfulness significa mantenere un atteggiamento attento e presente in ogni momento della nostra giornata; siamo in questa modalità quando decidiamo in maniera cosciente di rimanere centrati in quello che succede nel momento che stiamo vivendo, non lo siamo affatto quando ci troviamo a fare una cosa pensando a tutt'altro.

Una delle più grandi sfide psicologiche che ci si possa porre è tentare di uscire da questo stato di dissociazione per cui le nostre azioni vanno in un senso e la nostra mente vaga in un altro.

Questo libro parla proprio di questo: di come superare gli ostacoli attraverso il potenziale del nostro cuore.

A chi mi rivolgo

A tutte quelle persone che vogliono provare a vivere in maniera più consapevole.

Se tu, lettore, non senti fortemente questo imperativo morale, se non lo senti quasi con disperazione, probabilmente le mie parole ti sembreranno utopiche, perfino inutili.

Il messaggio che cerco di trasmettere è che una vita vissuta all'insegna dell'autenticità non solo è possibile, ma è addirittura necessaria per poter stare bene.

È un'esperienza da avventurieri, ma non temere, siamo in molti a buttarci in questa impresa, e più saremo più sosterremo con il nostro esempio tutti coloro che hanno bisogno di essere sorretti e incitati a sconfiggere la paura. Con queste parole vorrei riuscire a spronarti a vivere in maniera autentica: la vita che stai vivendo non è l'unica, la puoi scegliere.

Non dipende da fattori esterni che possono fungere da scusanti, non dai politici o dalla società: dipende unicamente da te, da me, da noi e dal modo in cui abbiamo scelto di stare al mondo.

Vivere autenticamente non significa aspirare a un mondo utopico dove non ci sono malattie, perdite, dolori e meschinità; significa vivere in pace con se stessi provando una fiducia incondizionata nei confronti di ciò che quotidianamente scegliamo di vivere.

Queste mie parole non hanno nessuna pretesa scientifica, possono essere oggetto di critiche e sono confutabili sotto ogni punto di vista. Mi piacerebbe che fossero sufficientemente irriverenti da rompere lo *status quo* e che lasciassero a bocca aperta per l'indignazione o per la risata che provocano.

Non ho la pretesa di aver scritto un manuale per dirti quali passi compiere per essere felice: non ho inventato nulla di nuovo, ho solo vissuto un'esperienza che mi ha cambiato la vita e che potrebbe cambiarla anche a te.

Il mio libro si pone l'obiettivo di fare luce su una questione di grande importanza: c'è una vita da vivere là fuori di cui nessuno ti ha mai parlato e quando lo capirai, il passo verso la tua personale e pacifica rivoluzione sarà breve. Crolleranno le vecchie strutture che ti incatenano e potrai vedere con chiarezza un nuovo modo di vivere.

Il nostro futuro sarà diverso

Di una cosa sono certo: in futuro vivremo tutti diversamente, non grazie alle rivoluzioni tecnologiche o ai cambiamenti socioculturali, che si realizzano costantemente e senza che nemmeno ce ne accorgiamo, ma grazie al modo in cui l'uomo vedrà il mondo e la propria vita.

C'è stato un momento in cui ho avuto una sorta di rivelazione, in cui ho capito che gli strumenti che avevo avuto per vivere non avevano più alcun senso: mi sono reso conto che se tutti cercano la sicurezza nel mondo esterno – se tutti ti hanno detto «comportati così perché conviene» e nessuno ti ha mai detto «sii libero» – è perché l'ordine delle cose è stato sovvertito, è perché viviamo in una grande farsa dove la normalità consiste nel nascondere i sogni sotto strati di conformismo perdendo di vista chi siamo davvero e cosa stiamo cercando.

So che rischio molto a generalizzare, ma credo che siamo stati tutti educati a vivere così e che tutti, in fondo, ci comportiamo allo stesso modo.

Non viviamo nella paura perché non abbiamo sufficienti strumenti cognitivi per rendercene conto, ma perché crediamo che questa sia l'unica maniera possibile di vivere; ci hanno cresciuto così, secondo convenzioni sociali che nemmeno noi siamo in grado di mettere in discussione.

Il paradosso è che mai prima d'ora l'uomo ha vissuto un'epoca di così grande libertà, eppure molti sentono comunque di esprimerla poco e di cogliere solo una parte infinitesimale del suo potenziale.

Vivere in un altro modo è possibile, dunque, solo attraverso la presa di coscienza: allora, perché non iniziare subito?

Siamo oltre sette miliardi di persone su questo pianeta e pian piano stiamo rovinando il sistema in cui viviamo: non ce ne prendiamo cura, lasciamo che milioni di persone muoiano di fame nonostante la minoranza ricca e potente produca cibo a sufficienza per sfamare chi non ne ha, siamo sopraffatti da livelli di stress e di insoddisfazione inauditi nonostante abbiamo davvero tutto, ci droghiamo con centinaia di sostanze diverse per sopportare il peso delle nostre vite.

Questo modello di vita non è più quello adatto: vivere nella paura, se finora ha funzionato, adesso non funziona più e la ragione non è attribuibile ai governi sbagliati o a un sistema politico che non ci tutela: la verità è che se tutti noi funzionassimo meglio, non ci lasceremmo influenzare così.

Il modello inizia a sgretolarsi perché tutti, singoli individui e collettività, lo sopportiamo sempre meno.

Se in passato la struttura basata sulla paura e l'insicurezza ha avuto un senso, oggi disorienta, non ci è più utile.

Ci sono persone che temono di credere in se stesse e rimangono intrappolate in quello che credono gli altri. Il compito di ognuno è unico nella sua diversità e scegliere cosa fare è molto più importante che obbedire a delle regole. Se tu rinunci al tuo diritto di scelta, tutto è perduto.

Tom Heckel, *Om Baba: A Mystical Odyssey*

Vivere in maniera naturale è molto più semplice di quanto sembri: non abbiamo bisogno di apprendere un «metodo per vivere» così come gli uccelli non imparano il «metodo per volare», ma lo fanno naturalmente. Se prestassimo attenzione, ci accorgeremmo che il «metodo per vivere» emerge in maniera spontanea in quanto esso è insito nel nostro DNA e ognuno di noi lo ha dentro di sé: non bisogna concentrarsi sempre su ciò che ci manca (il denaro, il sostegno morale, un buon lavoro, un vestito nuovo o l'ultimo modello di smartphone), ma iniziare a godere di ciò che si ha portata di mano. Per quanto imperfetto, quello che abbiamo è ciò che la vita in questo momento ci offre e per stare bene dobbiamo cercare di viverlo al meglio.

A questo punto la domanda sorge spontanea: se è così elementare, perché è così difficile, in fondo, vivere in maniera semplice?

Provo a elencare di seguito alcune convinzioni che ci bloccano.

- Crediamo che essere autenticamente connessi con noi stessi sia pericoloso e ci metta contro l'ordine costituito.
- Crediamo che vivere secondo i nostri dettami interiori sia rischioso e anche un po' utopico.
- Crediamo di poter vivere solo grazie agli insegnamenti dei nostri genitori, dei nostri insegnanti, dei nostri amici.
- Crediamo che vivere secondo le strutture apprese sia più sicuro e più facile.
- Crediamo che vivere in maniera spontanea abbia un che di selvaggio: il mondo moderno ci impone di essere razionali e di mettere il pensiero al primo posto.
- Viviamo in uno spazio circoscritto al cui interno è contenuto solo ciò che è condiviso socialmente.
- La nostra mente appoggia, attraverso il suo strumento più forte (la paura), tutte le nostre false convinzioni.

Questi sono alcuni degli equivoci più diffusi, anche se in realtà tutti abbiamo una guida interna che ci aiuta a vivere secondo quello che ci dice il nostro cuore, ma spesso per paura decidiamo di non darle ascolto e ci appoggiamo all'esterno, a ciò che ci guida da fuori.

Vivere in un sogno

C'è stato un tempo in cui provavo abitualmente paura: del futuro, di me stesso, di non essere amato, di non essere accettato.
Preoccupato da questa maniera negativa di pensare ho cominciato a informarmi e a leggere trattati e libri e ho scoperto che erano legati da un'idea ricorrente: noi uomini viviamo in uno stato di sogno e soffriamo perché siamo «addormentati». Così, ho iniziato a guardarmi attorno in modo circospetto chiedendomi costantemente se ciò che vedevo era reale o no... Ero confuso, qual era il sogno di cui mi parlavano?
Arrivai alla conclusione che il sogno doveva consistere nel vivere secondo i dettami di quella vocina che mi accompagnava costantemente e che mi suggeriva sempre di evitare i rischi. Mi accorsi di vivere in un universo di convinzioni basate sulla paura e che davanti a nuovi stimoli e condizioni questa voce si faceva sentire più forte per avvisarmi del pericolo verso cui andavo incontro. Fu allora che cominciai a chiedermi come fare a uscire da quel sogno che assomigliava sempre più a un incubo, fu allora che compresi che la risposta era una sola: vivere col cuore.

Un coccodrillo in laboratorio

Una volta vidi un documentario sul comportamento di un coccodrillo allevato in laboratorio. A ogni pasto gli veniva avvicinato un bel pezzetto di carne che lui rifiutava puntualmente; passavano i giorni e continuava a ignorare la carne, che fosse bianca o rossa, non aveva importanza.

Un giorno mentre i ricercatori, ormai senza speranza, gli avvicinarono il cibo, un pezzo di carne cadde fuori dell'area in cui la riponevano abitualmente.

Fu allora che successe una cosa sorprendente: il coccodrillo si scagliò sulla carne, la brandì e la divorò in pochi bocconi.

L'episodio portò i ricercatori a concludere che evidentemente l'anfibio aveva rifiutato la carne perché non l'aveva cacciata direttamente lui: un cacciatore che non caccia la preda è castrato nel suo intento e, nel caso del coccodrillo, il nutrimento aveva perso senso.

A questo punto viene spontaneo chiedersi se questa attitudine non sia propria anche degli uomini: se la vita ha senso solo quando in ogni momento esprimiamo ciò che sentiamo quando siamo autentici, viene logico pensare che, come nel caso del coccodrillo, se non seguiamo la nostra indole tendiamo a soffrire, a deprimerci e a perdere l'orizzonte del senso.

Secondo una ricerca dell'Organizzazione mondiale della sanità nel 2030 la depressione sarà la malattia più diffusa al mondo.

Sarà forse perché vivendo sconnessi dai dettami del cuore difficilmente riusciremo a sentirci appagati?

Attiva il pilota automatico

Molte persone agiscono come se fossero al comando di un aereo dotato del più sofisticato dispositivo di navigazione automatica e che, per seguire la rotta, si servono invece di una vecchia mappa e una volta giunte a destinazione, dopo aver fatto uno scalo obbligato per carenza di combustibile, si accorgono che avevano a loro disposizione un pilota automatico.

Questo dispositivo consta di alcuni sensori di movimento che informano il comandante circa la correttezza della rotta: prima di intraprendere il volo si inseriscono le coordinate del luogo di destinazione e il sistema conduce.

In poche parole: anche noi disponiamo di un sistema del genere; è inutile perdere tempo per capire come arrivare a destinazione, il nostro sistema sa già come fare, bisogna solo fornirgli le giuste coordinate!

Smetti quindi di usare le vecchie cartine stradali ormai lise per il troppo utilizzo, scritte per te da professori, esperti e amici. Lasciati guidare dal tuo sistema interiore, vivi in maniera autentica quello che nasce da dentro di te!

In questo monito è racchiuso un mondo, e va preso sul serio: credi in te e in quello che senti e portalo avanti fino in fondo; non nascondere la testa sotto la sabbia, non cercare sotto le pietre quello che non c'è.

Il percorso che l'uomo deve seguire consiste nel superare la paura che attanaglia la sua mente per vivere pienamente ciò che nasce dentro di sé. Per quanto il cammino possa essere faticoso e impervio, non te ne pentirai: quando si vive secondo i dettami del cuore, si incontra l'amore autentico, incondizionato e sincero. La vita in questo caso appaga, scalda, contiene; quindi inizia a prestare ascolto fin da ora a ciò che nasce in te.

Rido quando sento dire che il pesce ha sete nell'acqua. Non riesci a vedere che ciò che conta davvero è a portata di mano invece di errare di bosco in bosco. La verità è in te! Ovunque tu vada, se non avrai prima trovato la tua anima, nulla avrà senso per te.

Kabir

L'intuizione

Spesso «sentiamo» le risposte alle nostre domande venire da dentro in un momento di improvvisa rivelazione e anche se, poco dopo, le razionalizzazioni della mente cercano di mettere «ordine», l'intuizione ha già comunicato quello che doveva.

Alcune persone dicono che l'intuizione è la voce di Dio o che è la vita che ci sussurra quale direzione prendere. Forse, per capire cosa sia l'intuizione a livello razionale, è sufficiente pensare che fa parte della nostra intelligenza cognitiva e che muove un passo in più rispetto agli insegnamenti ricevuti: è un'informazione intelligente.

La maggior parte delle persone che come me è alla ricerca di un senso più autentico, si dedica all'acquisto di libri o si rivolge a luminari, convertendo così la propria esistenza in una ricerca di informazioni sul cammino da seguire, in attesa di quel momento magico in cui una visione chiara dipani ogni dubbio.

Nel frattempo però l'intuizione continua a rimanere inascoltata, in attesa di poterci essere d'aiuto mentre noi continuiamo a pensare che incontreremo una risposta in qualche libro, che l'avremo da qualche persona esperta o che vivremo una vera e propria esperienza psicosensoriale.

E se non fosse necessario nulla di tutto ciò? Se fosse molto più semplice e bastasse oliare l'ingranaggio della bicicletta che è a nostra disposizione? Se smettessimo di cercare la bicicletta degli altri o di chiedere come utilizzarla e iniziassimo a pedalare su quella che abbiamo?

Così, come una persona in salute ha la capacità di respirare, allo stesso modo ha la possibilità di decidere come vivere ogni momento. Come si fa?

Non esiste una tecnica, basta vivere quello che c'è senza restrizioni: cosa ti sussurra la tua intuizione in questo momento? Cosa in te ha bisogno di essere vissuto ed espresso?

Da questo ha origine il cambiamento: da qui parte l'esperienza mistica o la libertà interiore che dir si voglia; la fine del conflitto con se stessi e dell'autocensura. Qui risiede la chiave di tutto.

Questo ragionamento, a livello superficiale, viene condiviso da tutti perché razionalmente tutti crediamo che vivere secondo i dettami del cuore sia il modo più giusto, ma nell'intimo ci appare impossibile: «La vita è più complicata di così» diciamo a noi stessi.

Mi piace ricordare, a questo proposito, la storia di un ragazzo il cui padre fu soldato nella Germania nazista. A guerra terminata, la sua famiglia abbandonò il paese per trasferirsi molto lontano e negli anni successivi il giovane si sentì costantemente ripetere dai familiari e dal suo entourage che l'Olocausto non era mai avvenuto. Suo padre era un professionista competente, una buona persona e un bravo genitore, ma per sopravvivere all'orrore aveva dovuto convincersi che l'Olocausto non ci fosse mai stato, trasmettendo questa certezza anche al figlio.

Se il ragazzo avesse accettato l'Olocausto come dato reale, come una pagina cupa e triste della Storia, il suo punto di vista sulle cose sarebbe cambiato radicalmente e avrebbe dovuto ammettere che certe grandi convinzioni e teorie possono essere profondamente sbagliate.

Adesso starai pensando: «Povero ragazzo, è evidente che l'Olocausto c'è stato, com'è possibile vivere negando l'evidenza?»

Perdonami, non ti offendere, ma io e te saremo come lui finché metteremo a tacere la voce che nasce in noi e daremo retta alle nostre sovrastrutture facendoci sopraffare dalla paura. Fino al giorno in cui non ce ne libereremo, saremo come il ragazzo che nega l'esistenza dell'Olocausto.

Lo strumento che abbiamo a disposizione per vivere in maniera autentica è l'intuizione: se non la utilizziamo saremo come un uccello che non vola o una gazzella che non può correre.

Sulla paura

«La paura è la più grande piaga dell'uomo.»

J. Krishnamurti

Prova a immaginarti queste due situazioni: nella prima il tuo capo esce dal suo ufficio e ti si avvicina con una busta in mano; nella seconda il tuo capo esce dal suo ufficio e ti si avvicina puntandoti una pistola.

Sembrano casi piuttosto diversi tra di loro: nel primo, per sgradevole che possa essere, il peggio che ti possa capitare è che nella busta sia contenuta la tua lettera di licenziamento e tu debba raccogliere le tue cose e tornare a casa. Nel secondo invece la tua vita è realmente in pericolo.

Il tuo corpo, dinanzi a due situazioni tanto differenti, attiva praticamente la stessa reazione fisica: dal centro emotivo del cervello invia segnali ad alcune ghiandole che secernono sostanze come l'adrenalina e il cortisolo responsabili dell'accelerazione cardiaca. Di conseguenza, si blocca la digestione, si produce più zucchero per poter aiutare i muscoli a lottare, questi si tendono, i polmoni si aprono per incamerare più aria, il sistema immunitario riduce la sua attività, che in questo momento è secondaria, e tu sei pronto per combattere o fuggire. Se davanti a una pistola puntata la tensione psicofisica ha un senso e ti può aiutare a sopravvivere, davanti a una paura ingiustificata come quella provocata dal capo con la busta in mano, la tensione non solo non ti aiuta, ma gioca a tuo sfavore.

Provare paura, se attorno a te non c'è una minaccia reale, non ti serve per adattarti alla situazione che stai vivendo; il tuo sistema non è tarato per provare paura davanti a minacce irreali e provare paura senza dover o poter rispondere a un attacco si traduce in collasso emotivo: il corpo si è preparato per fuggire o attaccare, ma analizziamo cosa succede quando prova paura e non può fare nulla perché non vive una minaccia reale.

I due tipi di paura

Esistono due principali tipi di paura:
1. la paura fisica che è reale, immediata e solitamente si manifesta per un lasso di tempo circoscritto. È la reazione a una minaccia fisica che avvertiamo e che mette i nostri sensi in allarme, come nell'esempio citato poc'anzi del capo che si avvicina minaccioso puntandoti una pistola;
2. la paura psicologica che non corrisponde alla reazione per una minaccia fisica; la si prova dinanzi a qualcosa che deve ancora succedere e, a differenza di quella fisica, può perdurare nel tempo diventando cronica. Spesso ha origine da idee o convinzioni molto personali e si può distinguere in due categorie: la prima è la paura psicologica attivante che ti porta a reagire nonostante tu stia provando una forte tensione psicofisica; un esempio potrebbe essere mettersi a cercar lavoro nel momento in cui in ufficio iniziano a circolare voci sui tagli al personale. La seconda è la paura psicologica paralizzante, quella per la quale ci avviluppiamo a spirale in un pensiero e non riusciamo a uscirne quando la nostra mente è trascinata verso la negatività e l'oscurità. In questi casi ci troviamo ad alimentare la paura fino a esaurirci, facendo scorrere nelle nostre vene sostanze fisiologiche che il nostro corpo dovrebbe rilasciare solo dinanzi a una reale minaccia.

Questa è una delle reazioni più frequenti e alla lunga può condurre a stati depressivi o ansiogeni.

Un bambino molto piccolo e un animale hanno in comune

una cosa: hanno una forma di pensiero molto più semplice e provano paura solo di fronte a una minaccia reale, non hanno sovrastrutture e spirali di pensiero.

Non è il fatto stesso di pensare che crea conflitto quanto il farlo incessantemente e in maniera distruttiva.

Il *paradosso*

Il nostro cervello è in grado di creare un cortocircuito paradossale: dinanzi a situazioni nuove, da un lato ci invia segnali di paura per evitare possibili pericoli e dall'altro ci invia segnali di frustrazione perché non stiamo vivendo quello che vorremmo davvero.

È un po' come se ci tirassero contemporaneamente da un lato e dall'altro: ci stanchiamo, ci divincoliamo, ma solo una cosa è sicura, non avanziamo.

In qualsiasi maniera la affronti, comunque non stai bene.

E qui inizia il percorso di apprendimento per riuscire a differenziare una situazione dall'altra.

Quando andavo a scuola c'era una ragazza che mi piaceva molto; volevo conoscerla ma la sola idea di incassare un rifiuto mi paralizzava. Nel frattempo aspettavo e speravo che succedesse qualcosa, che lei mi parlasse per prima o che qualcuno ci presentasse... non accadde nulla e la ragazza se ne andò per la sua strada.

In quel momento non ne ero consapevole, ma ora mi è chiaro: porsi dei limiti è molto peggio che vivere il momento che ci limita.

Col tempo mi sono accorto che se presto attenzione a ciò che sento in ogni situazione distinguo le diverse paure: per questo, purtroppo, non esiste nessun manuale, solo un po' d'esperienza.

Il cervello non è fatto per pensare

La neurologia dimostra che la funzione principale del nostro cervello non è quella di pensare bensì di mantenerci in vita e coordinare tutte le nostre funzioni vitali. Questo vuol dire che ogni impulso, ogni pensiero, ogni sensazione di paura, ogni risata, ogni emozione mi stanno aiutando a sopravvivere.

Il nostro cervello fa tutto quello che è in sua facoltà per aiutarci a sopravvivere e utilizza il sistema di allarme più rapido ed efficace a sua disposizione: la paura.

Quando il mio cervello si trova ad affrontare una situazione nuova la qualifica come pericolosa e attiva un sistema d'allarme per avvisarmi: «Fai attenzione» sembra dire. All'apparenza il nostro cervello non riesce automaticamente a riconoscere ciò che è realmente pericoloso da ciò che non lo è; più che altro entra in uno stato d'allerta davanti alla novità seguendo il principio per cui «le situazioni sconosciute sono potenzialmente pericolose». Questo può in parte spiegare perché molto spesso, quando ci rechiamo in un luogo sconosciuto, siamo vagamente preoccupati anche se abbiamo una gran voglia di andarci.

Quando si guida un'auto a lungo è facile perdere l'attenzione; il cervello si rilassa ma non entra in stato d'allarme: la guida diventa un automatismo e non costituisce un pericolo.

Le statistiche però dimostrano che la distrazione al volante è una delle principali cause di incidenti e che è quindi molto pericoloso perdere l'attenzione, molto più pericoloso che andare a un primo appuntamento con una persona che si vuole da tempo conoscere. Non a caso cito questo esempio; la mente, nel caso del primo appuntamento, che è quindi una novità, attiva il campanello d'allarme, mentre nel caso della guida, riconoscendolo come gesto abitudinario non lo ritiene pericoloso e dunque non lo attiva.

Permettimi, caro cervello, che ti ponga qualche quesito: «Se fosse per te, dovremmo sempre fare le stesse cose?»

«Sì certo, se fosse solo per me fareste sempre e solo cose già sperimentate e inoffensive. È la mia maniera per aiutarti a sopravvivere: ricorda che il mio compito principale non è quello di renderti triste o contento, bensì quello di sopravvivere.»

«E se vivo una situazione nociva alla quale però mi sono assuefatto e non sono sereno?»

«Ripeto: io non mi preoccupo della sostanza di ciò che vivi bensì che non tu non corra pericoli in una situazione nuova.»

«Ma, allora, che cosa rimane della curiosità innata nell'essere umano, della voglia di imparare cose nuove e di cercare nuove esperienze? Cosa succede se voglio vivere diversamente?»

«In questo caso te la vedrai con me perché attiverò immediatamente i segnali della paura per avvisarti del possibile pericolo; il cortisolo e l'adrenalina inizieranno a scorrerti nelle vene, il battito cardiaco accelererà e il sangue irrorerà le estremità del tuo corpo.»

«E cosa succede se decido di ignorare lo stato di paura e seguo la mia strada che risulta essere tutt'altro che pericolosa?»

«Nulla, come già avrai sperimentato molte volte: a partire da quel momento non ti invierò più segnali di paura perché avrò inserito quell'esperienza nella mia banca dati catalogandola come innocua. Ricordati che io lavoro per te, tu devi solo informarmi facendomi capire che ciò che vivi e sperimenti non è pericoloso. Non hai altra maniera di dimostrarmelo se non vivendo, altrimenti come faccio a sapere che il pericolo non c'è?»

«Perché non provi ad allertarmi solo per minacce reali?»

«Che pretese! Sei tu a voler questo, la paura è innata nell'essere umano, ma quello per cui provi paura dipende molto da ciò che hai appreso. Fin da piccolo ti hanno insegnato a interessarti più a quello che pensano gli altri che a quello che senti tu, e da quel momento mi hai implicitamente chiesto di avvisarti in caso di attacchi non solo fisici ma anche lesivi per la tua immagine... Spesso prendi le opinioni altrui come veri e propri attacchi e passi la vita a fare qualcosa che venga riconosciuto dagli altri.»

«Quindi, cosa succederebbe se decidessi di vivere solo secondo quello che mi importa davvero?»

«Innanzitutto mi risparmieresti un bel lavoro (con tutti gli allarmi che lancio per salvaguardare la tua immagine) e poi saresti in pace con te stesso.»

«Non ricordo di averti mai chiesto di avvisarmi in caso di minacce alla mia immagine...»

«L'hai fatto, da bambino, quando hai scoperto che se non ti comportavi in un certo modo avresti potuto perdere l'affetto degli adulti. Da quel momento hai imparato a prendere come reali le minacce inflitte all'idea che avevi di te stesso. Quando eri piccolo, non ne eri cosciente e gli allarmi che ti mandavo erano legati a pericoli fisici. Se gli altri ridevano di te, tu ridevi insieme a loro ma oggi, se solo pensi di suscitare la risata altrui io devo avvisarti, per timore che tu faccia qualcosa che possa metterti in ridicolo di fronte agli altri. E sei tu stesso a chiedermelo: se il giudizio degli altri ha così tanto peso su di te, io per aiutarti a non soccombere devo soccorrerti. Ricordati che io lavoro per te e, se tu non mi insegni cosa è pericoloso davvero e cosa non lo è, io potrei uscire pazzo nel tentativo di indovinare ogni volta.»

«Avrei quindi dovuto insegnarti a lasciarmi vivere tutto ciò che non porta con sé una minaccia fisica.»

«Per poter vivere qualunque situazione devi tenere a mente una cosa: l'idea che hai di te non può essere frutto dell'opinione altrui. Anche se sei a disagio nella tua condizione attuale continui a essere attaccato alla 'paura del nuovo' perché ti interessa, perché ancora non sei pronto a smarcarti dall'opinione altrui, a credere in te e a vivere liberamente diventando l'unico responsabile delle tue azioni. Vuoi sempre avere tutto sotto controllo e sapere sempre quello che succederà, finendo così per sentirti imprigionato in una gabbia.»

«Caspita quante cose sto imparando su di te! Ho letto da qualche parte che l'essere umano sa così poco del funzionamento del suo cervello che scoprirlo gli provoca più o meno la stessa reazione che avrebbe provato un uomo del Medioevo nel trovare un televisore acceso al posto del camino.»

«È vero, ci conosciamo appena, ma è importante che impari a sfruttarmi al meglio; altrimenti agisco di testa mia. Così come il corpo si allena attraverso l'esercizio fisico, anch'io funziono secondo lo stesso principio. È necessario che tu innalzi il tuo livello d'attenzione, che mi osservi, che tu sappia come funziono e possa pian piano iniziare a vivere in maniera autentica. Se non ci riesci, continuerai a temere ogni novità. Io sono la macchina che ti muove, la voce che ti segue, colui che prende decisioni per tuo conto, mi baso su ciò che hai imparato dalla tua famiglia, dalla scuola, dalla televisione. Guarda come va il mondo, questo è quello che tu hai imparato, e io lo riproduco costantemente. Per poter affermare di essere padrone della tua vita devi compiere azioni coscienti per vivere ciò che è davvero importante per te, altrimenti, per difetto, intervengo io.»

«Suona tetro.»

«No non ti preoccupare, prima o poi prenderai il controllo della tua esistenza; io desidero solo accompagnarti in questo percorso e voglio che tu sia in pace con me. Quando siamo in pace, oltre a esserci molta tranquillità, il mio emisfero destro si attiva mostrando la sua creatività, cerca nella sua banca dati genetica (e chissà, magari anche in quella spirituale, ma non sono io il referente giusto per dirlo) per aiutarti a creare tante cose nuove che ti faranno vivere meglio.

«Quando siamo in pace attivo altre zone fino a quel momento sopite e ti faccio provare molte emozioni positive, incominciando a godere di ogni istante. Il futuro della ricerca è nella comprensione del cervello umano: non aspettare che i ricercatori ti diano i risultati, inizia il tuo percorso, io sono qui ad aspettarti.»

Quando ho perso
il mio punto di riferimento interiore

Da piccolo, come tutti i bambini, facevo ciò che mi pareva: il mio cervello ancora non era formato, non avevo ancora appreso a vergognarmi.

Se avevo fame, piangevo, se non ne avevo più serravo la bocca; se arrivava qualche visita gradita ridevo senza sosta e gridavo di allegria.

Potevo permettermi sacrilegi sociali come non dare un bacio a una lontana zia o comparire nudo e baldanzoso nel bel mezzo di un ritrovo di adulti. Il mio spirito avventuroso affrontava tutto, tutto era bello; ero vivo e mi sentivo sicuro.

Un giorno come tanti mia madre mi servì il pranzo e mi venne una brillante idea: perché non lanciare il contenuto rosso del piatto contro il muro di fronte a me?

In quell'istante, rompendo tutti gli schemi, lanciai il contenuto del piatto sulla parete e scoppiai in una fragorosa risata aspettandomi che mia madre facesse altrettanto.

Invece mi guardò con rabbia come per dirmi: «Non riesco a credere che tu abbia potuto farlo».

Dopo aver passato qualche istante a osservare interdetta il muro pieno di farfalline al pomodoro, si avvicinò al seggiolone e mi chiese a denti stretti: «Come ti è venuto in mente?»

In quel momento non sentii alcuna complicità nella sua reazione, quando io invece mi aspettavo nient'altro che amore incondizionato.

Mia madre, come la maggior parte dei genitori, non sapeva

però che avrebbe provocato in me la perdita del punto di riferimento interiore, forse la più grande catastrofe psicologica a cui siamo sottoposti come esseri umani.

Allora non capiva che, affinché io mi adeguassi ai comportamenti socialmente accettati, non era necessario minacciarmi di privarmi del suo affetto.

Non sapeva che io avevo solo bisogno che mi nutrisse di un amore incondizionato: poteva castigarmi, ritirarmi i giocattoli, qualsiasi cosa, ma non poteva privarmene.

Così come fu per i nonni e per le generazioni precedenti, anche per mia madre la minaccia di privazione affettiva divenne lo strumento per tenermi buono come a voler dire: «Se non ti comporti a modo, non ti vorremo più bene».

Sapevo che senza cibo e senza amore sarei morto, ma scoprii solo più tardi che un bambino deprivato dell'affetto e del contatto può davvero debilitarsi gravemente dal punto di vista fisico.

Non avevo altri che loro e da quel momento cambiò tutto, il riferimento non venne più da dentro di me ma da loro, dai miei genitori. Lo feci per sopravvivere, sarei morto senza affetto e nutrimento, l'ho fatto io, l'hai fatto tu, l'abbiamo fatto tutti.

Da allora, per sapere se ciò che facevo era giusto, guardavo i miei genitori e mi bastava un'occhiata per capire se approvavano o meno; erano loro a darmi la misura di tutto, di quello che era giusto o sbagliato, di quello che dovevo sentire... io li seguivo, e così facendo mi assicuravo niente meno che la sopravvivenza, nutrimento e amore. Divenni un esperto nell'arte del vivere come volevano gli altri e appresi una serie di trucchetti per ottenere ciò che volevo.

Pian piano mi dimenticai della soddisfazione naturale di stare in pace con me stesso e incominciai a cercare questa soddisfazione nelle ricompense che mi davano gli adulti per essere come mi volevano.

Non mi chiesi mai se la vita fosse altro, visto che tutti i miei coetanei si comportavano allo stesso modo, e addirittura alcuni di loro, pur non sbagliando mai, non ricevevano molto affetto o non ne ricevevano per niente.

Con il passare del tempo imparai a dimenticarmi del mio riferimento interno, anche se, pur rimanendo nei limiti consentiti, a volte, senza volere, lo seguivo.

Devo spezzare una lancia a favore di questo modello di crescita e dei miei genitori: loro, come la maggior parte degli adulti, cercavano solo di prepararmi a un mondo che consideravano ostile, volevano aiutarmi a compiere azioni sensate affinché gli altri mi considerassero buono e fossi sufficientemente accorto da evitare guai.

Cercavano di passarmi ciò che loro stessi avevano imparato: come possiamo incolpare chi fa quello che ritiene più giusto e che ci dà quello che riesce a darci?

Fu così che arrivai alla difficile età dei quindici anni. In quel momento si produsse in me un potente sentimento di ribellione contro tutto ciò che era il sistema degli adulti. Non ero più sottomesso al loro volere: la mia ribellione non consisteva nell'affrancarmi dai miei genitori per ritrovare il mio riferimento interiore, ma nel cercare un riferimento nei miei coetanei. Il grande errore che commettiamo tutti nell'adolescenza è pensare di trovare nei nostri pari quindicenni quel riferimento che perdiamo negli adulti; la vera ricerca, ma allora non lo sapevo, sarebbe dovuta avvenire dentro di me.

Mi guardavo attorno per capire quale era il miglior modo di vestirsi e di comportarsi, quali erano le cose giuste da dire e da fare; tutto per ottenere l'approvazione di quei ragazzi che a loro volta brancolavano nel buio in cerca di approvazione. Poco importava se eri il leader della banda o l'ultimo del gruppo: tutti volevamo solo essere riconosciuti e accettati. Quindi, non solo ero preoccupato per quello che pensavano gli altri di me, ma addirittura mi preoccupavo per quello che avrebbero potuto pensare. Il riferimento esterno non erano più dunque solo i miei coetanei, ma chiunque potessi incrociare per strada e potesse pensare qualsiasi cosa di me.

Mi creai un alter ego poliziesco, una sorta di controllore

sempre pronto a giudicarmi per quello che facevo o non facevo e che mi obbligava a essere buono e amabile in modo da poter essere accettato. Essendo per natura molto ambizioso, mi convertii nel più grande critico di me stesso e divenni ipercritico quando mi accorsi che non potevo essere ammirato da tutti.

In quel momento avevo già assimilato il più grande dei controllori sociali in circolazione: l'opinione altrui.

Da piccolo avevo imparato che senza l'approvazione dei miei genitori sarei morto, con gli anni capii il peso dell'opinione non solo dei familiari ma anche degli amici, dei superiori, dei compagni di classe, dei colleghi, del partner, praticamente di qualsiasi persona con cui entravo in relazione. Inconsciamente, proprio come quando ero piccolo, pensavo che senza la loro approvazione non sarei potuto sopravvivere.

Mi resi conto però che era un problema comune, che la maggior parte delle nostre energie si dispiega nell'esercitare il ruolo del cittadino modello, ossia di quell'individuo che ha il suo riferimento nell'opinione comune e si conforma a un sistema. Io ero allo stesso tempo giudice e giudicato. Anch'io giudicavo gli altri severamente e provavo un certo sollievo nel farlo perché, guardando e formulando opinioni sulla vita degli altri, sublimavo quella violenza che esercitavo *in primis* su me stesso.

Quando mi accorsi di quello che stava accadendo rimasi paralizzato, non sapevo né dove andare né cosa fare.

Chiesi e nessuno seppe darmi una risposta.

L'adulto che vive seguendo un riferimento esterno

L'adulto che vive in un paese democratico, dove si presume vi sia libertà di espressione e di azione, può scegliere dove andare, cosa fare, che macchina comprare, se sposarsi o meno ma, dinanzi alla grandi decisioni, si muove sotto i dettami di uno stato di polizia invisibile: il giudizio degli altri.

L'essere umano adulto ha perso – senza accorgersene – il riferimento interno; non agisce secondo un criterio personale bensì sociale, seguendo un modello di pensiero generalizzato in cui la misura di tutto è la reputazione e l'accettazione che passa attraverso l'altro.

Se a quindici anni cerchiamo spasmodicamente l'approvazione degli altri, a venti, quando potremmo vivere una catarsi, continuiamo allo stesso modo. Studiamo per ottenere un titolo che certifichi quanto valiamo, magari non è quello che volevamo fare, ci è costato una fatica immensa e abbiamo sofferto tantissimo, ma comunque l'abbiamo voluto conquistare. E se un tempo questo pezzo di carta significava lavoro assicurato, oggi conta per poterci vantare in società di essere qualcuno e ottenere l'approvazione degli altri.

Vogliamo essere giudicati positivamente e siamo disposti a molto più di quanto crediamo perché questo accada.

Il piccolo spazio di libertà dell'essere umano socialmente accettato è costituito dalla società-carcere all'interno della quale lui è imprigionato e in cui si muove cercando il riferimento esterno.

Un po' come accade in televisione, dove si vive per fare audience: se la maggior parte delle persone ti dà valore sintonizzandosi sul tuo programma il tuo quieto vivere è salvaguardato. L'essere umano adulto cerca solo di vivere tranquillo, senza uscire troppo dalle righe; altrimenti dovrebbe farsi notare e correre il rischio di essere giudicato negativamente dagli altri, cosa che viene percepita come molto rischiosa.

Per questo abbiamo creato capri espiatori coraggiosi: gli artisti, gli sportivi, i milionari, gli arrampicatori sociali, gli ambiziosi, i buoni. Li trattiamo come se fossero speciali in modo da sentirci tutti più normali.

In realtà, ognuno di noi vorrebbe vivere come questi esseri speciali e avere la loro capacità di dare ascolto ai propri desideri, ma ci accontentiamo di guardarli in televisione, di leggere le loro biografie, di ascoltarne i concerti o vederne le mostre, quasi avessero ottenuto il diritto divino di vivere liberamente, diritto che invece neghiamo a noi stessi, quasi la festa della vita fosse appannaggio di pochi fortunati.

La maggior parte di noi in verità si ama troppo poco perché siamo tutti ipercritici. Quando una persona subisce una violenza fisica o psicologica (nell'ambiente domestico, lavorativo o in qualsiasi altro contesto) normalmente esita all'idea di abbandonare il luogo o l'ambiente in cui si compie il sopruso.

Una scarsa considerazione di sé, insieme all'insicurezza, porta la vittima del maltrattamento a rimanere vicina al carnefice, non perché sia folle ma perché ha un'autostima così bassa e una paura e un riferimento esterno tali da preferire la situazione violenta alla solitudine.

Quanto più grande è la necessità di ottenere un riconoscimento esterno, tanto maggiore sarà la possibilità di incontrare dei manipolatori.

Così ci convinciamo che la vita è immobile e che quelli che vivono in modo diverso sono geni speciali. Crediamo, in fondo, che creare qualcosa non sia compito nostro e ci muoviamo come in una trappola all'interno di un ordine precostituito. Pensiamo che uscire da questa condizione sia un'utopia e preferiamo scegliere la situazione più comoda. Il riferimento interiore è prerogativa di pazzi sognatori, geni o eroi, non per me.

Io vivo bene, soddisfatto della mia vita, sono amato e riconosciuto, gli altri generalmente mi approvano e non voglio conoscere la fatica di provare a vivere qualcosa di diverso.

La fine della paura

Qualche anno fa feci un colloquio per un nuovo posto di lavoro; andò piuttosto bene, mostrai di avere delle capacità in più rispetto a quelle richieste anche se mi mancava la conoscenza specifica del settore in cui l'azienda operava. A un certo punto della conversazione, ci fu un momento di silenzio e mentre l'intervistatore scorreva con lo sguardo il mio curriculum provai una sensazione di disagio e allerta allo stesso tempo: quell'uomo stava valutando se assumermi!

Lo sconforto si impossessò di me, qualcosa nella mia testa gridava: «Fa' qualcosa o quest'uomo ti assume!» al punto che cominciai a portare la sua attenzione sul fatto che non avevo esperienza nel settore. In tutta risposta ottenni un lapidario: «Ti faremo sapere» e, ovviamente, non mi chiamarono più.

Uscii dall'ufficio certo che non mi avrebbero più chiamato, ma allo stesso tempo confortato dal fatto che non sarebbe cambiato nulla, e dentro di me ero compiaciuto di sapere che non mi sarei imbarcato in una nuova e poco confortevole situazione.

Ma uscii da lì anche con un'altra sensazione, più brutta: la disperazione di chi vorrebbe buttarsi in una novità, ma la paura glielo impedisce.

Questo movimento interiore non fu cosciente e solo tempo dopo mi resi conto di ciò che avevo fatto: lì per lì raccontai a me stesso e agli altri che non mi avevano scelto perché cercavano una persona con esperienza nell'ambito di attività dell'azienda. Solo adesso so che il mio cervello davanti alle situazioni nuove e potenzialmente pericolose mi invia dei segnali di allarme affinché io eviti situazioni poco sicure.

A quel tempo il mio cervello non poteva sapere che ciò di cui io avevo realmente bisogno era proprio quel lavoro e riuscì nell'intento di sabotarmi. Come ho già detto, il cervello non agisce con cattive intenzioni, si muove automaticamente finché non viene educato a distinguere quel che è giusto da quel che è sbagliato. A poco a poco l'ho educato, gli ho fatto capire ciò di cui avevo bisogno e, una volta fatto questo, il mio cervello ha spalancato la finestra e non mi ha più molestato con la paura, se non in senso positivo, per darmi coraggio e farmi essere intraprendente, non per paralizzarmi.

Si è trattato di un lavoro diviso in tre fasi. Prima ho osservato ciò che succedeva nella mia testa, poi ho educato il mio cervello e, infine, mi sono pazientemente amato e rispettato durante tutto il processo educativo.

La paura psichica può sorprendentemente essere una nostra alleata: è un campanello d'allarme che si attiva ogni volta che qualcosa ci delude e riesce a svelare cose che nascondiamo perfino a noi stessi. A sorprendere non è tanto il fatto che il nostro cervello ci sveli quali sono le cose che ci bloccano, quanto che può persino illuminarci la via.

Fino a poco tempo fa credevo che a guidarmi fossero unicamente le emozioni positive, adesso mi sono accorto che la paura è una guida altrettanto efficace e potente. Facci caso quando sei in difficoltà: vedrai che la strada da prendere in un momento di crisi corrisponde sempre a ciò che ti provoca più paura.

La paura non si manifesta dinanzi a ciò che non è importante, perché è quello che vorremmo riuscire a fare che ci spaventa maggiormente, per questo la paura può indicarci la via.

La paura di non essere come gli altri

«Per essere come gli altri dimentichiamo tre quarti di noi stessi.»

Arthur Schopenhauer

La vita ci rende diversi, ognuno è chiamato a vivere esperienze proprie e uniche, ma nel corso degli anni impariamo che la diversità può attirare giudizi negativi, per questo facciamo di tutto per assomigliarci l'un l'altro.

Alla maggior parte delle persone importa relativamente essere o meno «di moda». Quello che davvero interessa è essere accettati e riconosciuti dagli altri, da tutti, da troppi: dai colleghi, dagli amici, dai conoscenti e dai passanti.

La maggior parte delle persone non ama esporsi molto al giudizio altrui perché preferisce evitarlo. Ma in fondo siamo tutti un po' narcisisti e vorremmo tutti essere in qualche modo famosi. Quello che forse non sappiamo è che la celebrità è la quintessenza della dipendenza dal giudizio altrui, corrisponde alla necessità compulsiva di voler essere accettati e avvalorati dagli altri. È la vera assenza di autostima.

Pur di ricevere attenzione dagli altri (come nel caso di chi aspira alla celebrità) molte persone sono poi disposte a farsi sbeffeggiare e a lasciarsi criticare. Ma è matematicamente impossibile che questo riconoscimento ci arrivi solo dall'esterno:

comunque non sarebbe abbastanza, e noi saremmo costretti a ricreare la realtà per renderla un po' più confortevole.

Finché non impareremo a trovare in noi stessi questo riconoscimento, senza cercarlo sempre altrove e mostrando gratitudine per il solo fatto di essere vivi, vivremo in totale dipendenza dal giudizio degli altri.

«Figliolo, lo dico per il tuo bene, se vuoi essere accettato dai tuoi compagni devi comportarti come loro: assomiglia agli altri, fai in modo di non dare nell'occhio e che nessuno si accorga di te, ci siamo già noi, la tua famiglia ad amarti. Vestiti alla moda, come tutti, compra le stesse cose degli altri, così saranno gli altri, quegli stessi che tu imiti a darti quel riconoscimento che tu non sei in grado di darti.»

Vestire all'ultima moda non è una questione di stile, ma un segno di appartenenza al gruppo, per sentirsi amato e accettato all'interno della comunità.

Quando ci esponiamo allo sguardo altrui ci preoccupiamo che nessuno si accorga che abbiamo avuto una discussione col partner, o scopra che nostro figlio si è fatto notare per qualcosa che ha fatto o si renda conto che noi stessi siamo diversi dagli altri.

Anche se può farti sorridere pensare di aver seguito la moda degli occhiali con le lenti a specchio solo perché qualche vip ha lanciato l'idea e tutti l'abbiamo seguito a ruota, prova a chiederti perché possiedi proprio quel cellulare o quella macchina (come dice un mio amico: se tutte le macchine avessero la stessa carrozzeria e fossero tutte uguali all'esterno, ti saresti comprato lo stesso la macchina che hai?)

Rispondici con sincerità: perché indossi questo vestito? Perché frequenti certe persone? Perché ti comporti in un certo modo?

Immagina se ognuno di noi facesse quello che gli va di fare e vivesse senza seguire le norme sociali stabilite: potresti incontrare di tutto, sarebbe un caos totale.

Se vuoi essere felice, non cercare di essere diverso. Sì, lo so, stai pensando che è importante seguire il proprio istinto, ma la verità è che dobbiamo reprimerci per il bene comune.

In fondo, vivere reprimendoti non è così male: quel che perdi in spontaneità, lo guadagni in tranquillità. Certo, forse la tua non sarà una vita molto movimentata, ma almeno terrai sotto controllo il caos.

Ricordati che l'essere umano non è nato per essere libero, la libertà espressiva di cui tu parli è solo un'utopia.

Il RAS (Sistema di attivazione reticolare)*

Il RAS (Reticular Activating System) è il sistema che connette i principali nervi del midollo spinale con il cervello e si occupa di classificare le centinaia di migliaia di impulsi che vi arrivano a ogni secondo, sviando quelli inutili e indirizzando quelli vitali.

Milioni di anni fa, quando gli esseri umani erano sottoposti a pericolo costante, era fondamentale che gli impulsi negativi arrivassero a destinazione. Nonostante siano passati millenni, il nostro cervello si è sì evoluto, ma ha mantenuto la tendenza a dare più peso ai messaggi negativi rispetto a quelli positivi.

Oggi che l'uomo nella maggior parte dei casi non vive più minacce fisiche reali, ha un cervello sviluppato in modo da far passare come messaggi negativi le critiche alla nostra persona. Basta poco a innervosirci, ad angosciarci e a metterci sulla difensiva.

Al contrario, un bel complimento da parte di qualcuno viene minimizzato dal RAS ed è questo il motivo per cui a fine giornata, anche se è andato tutto mediamente bene, tendiamo a focalizzarci su quella piccolissima parte che non è andata per il verso giusto.

Il RAS invia le informazioni al sistema limbico dove vengono incamerate le nostre emozioni e ancor prima di poter elaborare coscientemente un pensiero, questo sistema velocissimo ci

* Per la stesura di questo capitolo mi sono basato su R.K. Cooper, *The Other 90%*, Crown Business, New York, 2001.

ha già preparato al peggio; se non impariamo a guidarlo rischiamo di farci dominare dalle nostre emozioni paralizzando il nostro progresso.

Nella maggioranza dei casi molte delle nostre preoccupazioni e tanti pensieri negativi si fissano nella nostra mente ancor prima di aver esperito un'esperienza effettivamente negativa; quello che dobbiamo imparare a fare è fermarci un secondo, respirare e chiarificare la nostra mente, sciogliendo i pensieri che si sono avviluppati per avere una visione più completa della situazione e analizzarla da un punto di vista più oggettivo.

Avvicinatevi al limite

Tutti siamo alla ricerca della felicità, tutti aneliamo a stare in pace con noi stessi e con gli altri e fin da bambini abbiamo imparato che per provare questa sensazione dovevamo cercare fuori da noi: avremmo dovuto vincere una partita di calcio con gli amichetti, avere il gioco più bello e, più tardi, avere un buon lavoro, una brava moglie, poi un figlio, magari due, insomma, ottenere grandi cose.

Col tempo cominciai a credere che se fossi stato ricco avrei vissuto serenamente; poi capii che quello che stavo cercando non era la ricchezza, ma la tranquillità che essa mi avrebbe potuto dare (sottovalutando però l'inquietudine che può dare l'affanno costante della sua ricerca).

Mi convinsi che se avessi avuto una relazione sentimentale stabile avrei raggiunto una grande serenità; il risultato fu che nella ricerca di una compagna persi la poca tranquillità che avevo, rimasi solo e molto inquieto e, cosa anche peggiore, sentii il bisogno di una nuova relazione che placasse quella sensazione.

Allora iniziai a cercare compulsivamente stati di alterazione e fasulla euforia al di fuori di me; accendevo la televisione per rilassarmi e godere di spettacoli tanto demenziali quanto deprimenti, bevevo vino, prendevo di tanto in tanto pastiglie per stare meglio, insomma qualsiasi cosa riuscisse a farmi evadere.

Ero convinto di non poter trovare pace in altra maniera.

Poi mi accorsi che in realtà tutti cerchiamo questa serenità;

ognuno di noi le dà un nome diverso, ma in pochi sappiamo come raggiungerla.

A un certo punto, forse saturo di questa ricerca esasperata, mi posi una domanda: «Questa sensazione di felicità non può essere nascosta dentro di me? Deve per forza dipendere da fattori esterni? Non sarà un grande inganno fatto solo di aspettative?»

Iniziai quindi a chiedermi quale fosse il meccanismo attraverso cui attivare questa ricerca dentro di me, senza cercare fuori o crearmi aspettative, facilmente non attendibili, sugli altri.

La risposta tardava ad arrivare, perciò cominciai a cercare qualcuno in grado di darmela. Entrai in contatto con persone che avevano apparentemente trovato questo stato di serenità e che per raggiungerlo avevano fatto scelte più o meno difficili.

Le ascoltai, le interrogai affinché mi svelassero il loro segreto, e nel frattempo continuavo la mia battaglia quotidiana alla ricerca di un nuovo modello di vita.

Dopo tanto vagare e altrettante ricerche, giunsi alla conclusione che se la risposta era in me doveva essere anche reperibile senza troppe fatiche; forse per provare questa pace non c'era che essere questa stessa pace, e fare questa scelta ogni istante.

Alla fine del mio cammino mi ritrovai al principio della mia mente, là dove tutto ha inizio in una sorta di pre-pensiero dove era ancora possibile scegliere se compiere un salto per spiccare il volo o sperare in eterno che succedesse qualcosa.

Ormai avevo capito che saltare mi avrebbe concesso di volare e, sebbene albergasse in me un timore recondito che non fosse davvero così, capii che una volta in cammino l'unica direzione che si poteva prendere era quella che portava a proseguire.

La decisione, seppur ardua, era lì davanti ai miei occhi: finalmente potevo scegliere se compiere un salto che mi avrebbe riconciliato con me stesso e con la vita o se continuare a dare ascolto alle paure e alle preoccupazioni che mi impedivano di andare per la mia strada.

Saltare significava vivere ogni giorno nella comoda scomodità di librarmi nell'aria senza che nulla, se non la fiducia nella vita e nelle sue sorprese, potesse riportarmi a terra. Questo salto voleva anche dire rinunciare una volta per tutte alla ricerca esteriore della felicità ed essere l'esperienza stessa della felicità.

E così, saltai. Non perché fossi particolarmente coraggioso, ma perché mi resi conto che era l'unica via possibile. Col tempo capii che non bastava aver compiuto il gesto una sola volta, bisognava ripeterlo ogni giorno; scegliere quotidianamente se saltare o aspettare.

Ci sono giornate in cui ancora attendo, ma so che comunque salterò perché questa è l'unica scelta davvero sicura che posso compiere.

La vita, in fin dei conti, è una costante conferma di quel salto; saltare ti conduce alla serenità; non conosco le condizioni per cui questo avviene ma credimi, continuare a rimanere sul limite sicuro ti porta a vivere con timore, nella futile speranza che qualcuno o qualcosa venga a tenderti la mano per proteggerti; non è così e non sarà mai così; la scelta è tua e va confermata giorno dopo giorno.

Non saprai mai dove ti condurrà questo salto, ma questa è la grazia dell'essere vivi: non avere certezze ma vivere avendo fiducia nelle sorprese della vita.

Avvicinatevi al limite, disse loro.
Abbiamo paura, risposero.
Avvicinatevi al limite, disse loro.
Si avvicinarono.
Egli li spinse.
E loro volarono.

Apollinaire

Niente da perdere

Che cosa accomuna tutte le persone che a un certo punto hanno scelto di vivere con autenticità?

Forse il fatto che in un dato momento della loro vita hanno capito di non aver nulla da perdere e hanno sentito così fortemente il desiderio di cambiare che se avessero desistito si sarebbero condannate a una mera sopravvivenza.

Da questo punto di vista non sono persone eroiche, semplicemente hanno scelto l'unica via possibile.

La domanda che dovresti porti a questo punto è: «Cosa perderei della mia vita attuale se decidessi di ascoltare chi sono davvero?»

Forse il denaro, l'affetto di qualcuno, la sicurezza del tuo lavoro, il giudizio positivo di chi ti circonda, potresti ricevere tante porte in faccia e potresti trovarti in un vuoto dove ci saresti solo tu.

Forse però è proprio questo vuoto che dobbiamo attraversare per tornare a essere noi stessi: devi essere disposto a perdere quello che hai e a mettere in conto di rimanere solo per un certo tempo con la consapevolezza che al di là ti aspetta una vita piena e autentica.

Sono sicuro che saresti disposto a perdere il tuo stipendio e l'affetto di quegli amici e parenti che tu passi il tempo a criticare: critichiamo quando sentiamo la frustrazione di non essere chi siamo davvero. Senza frustrazione non c'è critica né tempo né voglia di parlar male degli altri, ma solo il desiderio di includere chi ami nello spazio vitale autentico e sano che ti sei ritagliato.

Il giorno in cui sarai capace di perdere qualcosa, sarai pronto per il grande salto.

Che cosa aspetti?

Che cosa vuol dire saltare?

Saltare non è pericoloso e non è un gesto che provoca vertigini. Saltare vuol dire solo essere se stessi nel momento presente, vivere ciò che nasce in noi momento per momento; in poche parole essere ciò che siamo davvero.

Non c'è nulla di più facile che essere autenticamente ciò che siamo; se decidiamo di non vivere secondo quello che è il nostro desiderio autentico potremo allontanarci dal sentiero impervio e spostarci verso un luogo riparato dove nulla ci mette in discussione.

In questo luogo però non si dovrà mai saltare in nessun luogo, solo prendere lo stesso percorso mille volte. Sarà noioso e cercheremo in tutti i modi di evadere da quella realtà così ripetitiva; è logico, noi non nasciamo per questo, ma per seguire il nostro lato più selvaggio.

Se sceglieremo questa apparente tranquillità, cercheremo sempre qualcosa che ci faccia sentire vivi, cercheremo cose che ci inducano a uno stato di pace nella speranza che ci facciano sentire un po' più vivi e probabilmente ci porremo delle sfide, frutto di desideri stereotipati a cui ci ha abituato la società in cui viviamo.

Cercheremo l'azione, viaggeremo, ci metteremo nella condizione di vivere esperienze di evasione dalla nostra quotidianità e alla fine faremo sempre ritorno alla quiete confortante.

Passeranno così gli anni, la nostra sarà stata una vita tranquilla e saremo soddisfatti di tutte le cose che hanno contribuito a costruire la nostra serenità e giorno dopo giorno hanno messo a tacere quella vocina che dentro di noi ci sussurrava: «Salta...»

Non avremo però mai conosciuto quella vertigine che ci fa provare la vita nel momento in cui, anche nelle situazioni peggiori, è in grado di tenderci una mano.

Poi chissà, magari, nel momento di congedarci da questo mondo lasceremo ai posteri alcuni versi in cui diremo che, se potessimo tornare indietro, ripercorreremmo quel sentiero impervio e a un certo punto, nonostante la paura, compiremmo il salto rimettendoci completamente nelle mani della vita, consapevoli, una volta per tutte, che saltare era quello che avremmo sempre voluto fare.

Non mi interessa

Una delle più grandi paure interiorizzate dalla nostra mente è quella del giudizio degli altri; è per questo che siamo così tremendamente critici nei confronti di noi stessi.

Una vita autentica porta a spezzare il ciclo dell'autocensura e una buona maniera per iniziare ad accettarsi è rispondere «non mi interessa» nel momento in cui la nostra mente cerca di censurarci e di anteporre all'azione tutti i presunti ostacoli (che si trasformeranno presto in paure).

Il grande mistico e filosofo Jiddu Krishnamurti, dopo aver passato una vita ad aiutare le persone a comprendere se stesse, poco prima di morire, in una delle ultime conversazioni pubbliche, chiese ai presenti se volessero conoscere il suo segreto. Il pubblico rispose a gran voce un accorato sì. «Il mio segreto è che non mi interessa ciò che accade.» La gente rimase a bocca asciutta: «Tutto qui?»

Considerando che Krishnamurti ha investito una vita intera cercando di aiutare il prossimo, dubito che non gli importasse la sofferenza altrui; il suo «non mi interessa» era riferito alla propria sofferenza, in un'ottica di abbandono delle paure della mente.

Il «non mi importa ciò che può succedere» ci mette nella condizione di accettare qualsiasi cosa accada e di fare tutto quello che possiamo per migliorare la situazione invece di fermarci senza fare nulla; in poche parole significa in primo luogo accettarsi e agire secondo le proprie possibilità.

Sbagliare è impossibile

Mai nessuno nella storia dell'umanità si è sbagliato; si sbaglia solo in retrospettiva e con il passare del tempo, quando guardando indietro si capisce che il risultato di una data azione non è stato soddisfacente. Solo in quel momento potremo dirci: «Ho sbagliato».

Quando faccio o dico qualcosa sono convinto di essere nel giusto; il paradigma secondo cui agiamo è scientifico: prova ed errore. Nelle scienze si procede per esperimenti e se il risultato non è soddisfacente si compie una modifica fino a quando non si raggiungono gli scopi prefissati.

Sebbene questo paradigma regga il pensiero scientifico, difficilmente è applicabile alla vita quotidiana delle persone. Nella nostra vita questa maniera di agire per tentativi non aiuta: la fine di un matrimonio si considera un fallimento, un cambio di lavoro repentino non è vissuto come un'evoluzione ma come un tornare indietro; il cambiamento è malvisto dalla società, come se non fosse possibile accorgersi a un certo punto che la strada che abbiamo intrapreso non è quella che fa per noi, come se tutto dovesse rimanere uguale per sempre perché un'inversione di rotta viene più che altro marchiata come insuccesso.

La vita è evoluzione continua, le coppie si trasformano perché entrambi i partner apprendono cose nuove, si lasciano alle spalle vecchie abitudini e mutano fisicamente; sul lavoro impariamo e desideriamo cambiare e rivolgerci a nuove sfide per esprimere il nostro massimo potenziale.

Come lo scienziato si appassiona alla sua ricerca, noi sentiamo la necessità di appassionarci alle nostre ricerche personali, con la nostra esistenza che risulta essere, alla fine di tutto, un grande laboratorio.

Forse non è possibile che un essere umano cresca ed evolva se non ha compiuto alcuni cambi radicali e se non ha raccolto nuovi stimoli e informazioni abbandonando quelli che non parlano più di lui, forse non è nemmeno possibile vivere senza sperimentare quale sia davvero la nostra strada aggiustando il tiro di volta in volta, tentativo dopo tentativo fino a raggiungere quel luogo in cui la nostra vita assume veramente un senso.

Così come è possibile nascondersi dietro al continuo cambiamento per non impegnarsi davvero in nulla e non confrontarsi con le paure che esso per sua stessa natura provoca, è altrettanto facile per gli stessi motivi non cambiare mai.

Ma se noi ci affidiamo a un percorso evolutivo fatto di prove, errori e confutazioni ci accorgeremo che ciò che noi chiamiamo errore esiste solo nella nostra mente, nel pensiero collettivo e nei dogmatismi sociali secondo i quali è meglio non vivere qualcosa di diverso per non essere catalogati come falliti nel caso in cui le cose non vadano come sperato. Questo è il penoso risultato del diffondersi di un pensiero secondo cui è meglio non giocare piuttosto che perdere.

Nella vita, per il semplice fatto di essere nati, abbiamo l'opportunità di cercare il nostro spazio vitale, uno spazio vero che abbia un senso autentico per noi.

Abbiamo il diritto di cambiare tutto ciò che riteniamo giusto; nel lavoro, in coppia e nella vita che ci è stata data.

Come vivrei...

- Se la mia unica missione in questa vita fosse centrare la mia attenzione e tutta la mia energia nell'esprimere in ogni istante quello che è dentro di me.
- Se mi impegnassi ad ascoltare quello che voglio davvero e lo portassi a compimento.
- Se dopo aver espresso ciò che sento dessi per conclusa la mia missione e concentrassi la mia attenzione sulla successiva situazione.
- Se non dovessi fare in modo che ciò che esprimo venga validato dagli altri.
- Se non facessi nulla per ricevere pacche sulle spalle dagli altri.
- Se mi accorgessi che ciò che conta davvero nella vita è esprimere momento per momento quello che sono realmente.
- Se capissi che solo un matto può permettersi di giudicare la naturale espressione degli altri.
- Se capissi che chi dà un giudizio negativo o positivo su ciò che sento lo fa perché guidato dalle sue stesse paure.
- Se smettessi definitivamente di condividere il principio dell'umana follia fingendo di essere altro da me per ottenere approvazione.
- Se mi accorgessi che non si può premiare ogni uccello per il fatto che vola.
- Se riportassi costantemente alla mente che l'uomo è pro-

grammato geneticamente e umanamente per vivere ed esprimere la sua natura.

Come vivrei quindi se...
  Vivrei libero.

Un uomo molto colto

Qualche tempo fa fui invitato a una trasmissione televisiva di un canale di nicchia che si occupa di critica letteraria dove ero chiamato a presentare il mio libro.

Ci fecero accomodare a una tavola rotonda. Mi sedeva di fronte un uomo molto colto, un intellettuale competente in diversi ambiti, visibilmente più anziano di me. Filosofo e tecnico allo stesso tempo, sugli argomenti più disparati aveva un'opinione ben formata e per lo più basata su evidenze.

Mi resi subito conto che lo trattavano tutti con molta deferenza anche se era difficile distinguere se si trattasse di rispetto o timore.

Era un uomo serio che sorrideva a fatica e anche quando lo faceva sul suo volto si dipingeva una specie di ghigno. Accennava appena un sorriso sornione prima di dare la sua opinione su qualche argomento, con la certezza che avrebbe messo fuori gioco dialetticamente il suo interlocutore.

Quando arrivò il momento del mio intervento balbettai qualche frase senza troppo senso.

La tempesta di parole dell'uomo cadde su di me in maniera precisa e diretta; probabilmente era abituato a comportarsi così e sapeva perfettamente ciò che faceva. Mi trattò con la condiscendenza propria di chi si sente un metro sopra gli altri e, del resto, nel mondo intellettuale lo era davvero.

Paragonò la mia scrittura a quella di un bambino, cosa che a dire il vero non interpretai come una vera offesa, e finì con l'attribuire anche al contenuto lo stesso giudizio espresso sullo stile.

Avvertii una sensazione di inquietudine nel momento in cui mi accorsi che di lì a poco avrei dovuto ribattere al suo intervento, difendendo me e il mio lavoro.

Come nell'istante prima di morire, vidi scorrere davanti ai miei occhi tutto il processo creativo che mi aveva condotto a scrivere il libro. Mi rividi versare lacrime di allegria per la conclusione di un capitolo particolarmente difficile, quando davo via libera al fiume di idee e sentimenti che mi attraversava e mi sentii grato per ogni momento vissuto assieme alle persone che mi sono vicine, come pure mi sentii grato alla vita per il solo fatto di essere lì in quel momento, e rimasi senza parole.

Tutti mi fissavano, si aspettavano una mia risposta. L'anziano intellettuale mi guardò quasi con dispiacere e per un attimo mi parve di cogliere nel suo sguardo un lampo di empatia e umanità.

Dal mio canto sentii di non aver più nulla da dire, più nulla da difendere e una forza potente mi chiuse la bocca.

Il conduttore, dopo avermi guardato nervosamente, chiamò la pubblicità per coprire il mio silenzio.

Mi tolsi il microfono e mi alzai; avevo una voglia matta di avvicinarmi all'uomo colto e di abbracciarlo, invece non lo feci, più che altro per non spaventarlo, e mi allontanai salutando cordialmente.

Uscii per strada e nulla era cambiato, la vita era nel pieno del suo flusso. In quel momento niente mi parve davvero importante: potevano amarmi o no, avvalorarmi o no, ma dentro di me sapevo che la sensazione di libertà autentica che avevo provato nell'istante in cui mi ero alzato per andarmene non mi avrebbe mai più lasciato. Mi sentii sicuro in quella vulnerabilità che ben presto divenne forza totale: nulla poteva danneggiarmi perché ero vivo.

La mia missione in quattro step

Ecco quindi cosa decisi di fare e vi riporto la mia versione abbreviata per vivere la vita in maniera autentica.

1) Vivere solo quelle esperienze che si fanno strada in me con spontaneità.
2) Vivere tutto quello che nasce dentro di me. Forse non sono capace di fare ciò che immagina la mia mente, ma sono in grado di fare ciò che prende forma dalle mie mani in questo stesso momento.
3) Vivere senza sperare di ricevere opinioni su quello che desidero e tanto meno agire in funzione di queste.
4) Tornare a osservare ciò che nasce in me e provare a rivivere secondo questo principio.

Spontaneità versus *impulsività*

> «Situazioni, attività e manifestazioni psichiche e affettive che insorgono e si determinano in modo naturale, autonomo e immediato, non studiato o mediato dal ragionamento.»
>
> Da: «spontaneo», *Vocabolario* Treccani (www.treccani.it)

Si tende a pensare che ciò che sorge spontaneamente in noi sia dettato da un impulso animale che va controllato. La spontaneità come la intendo io, però, non ha nulla a che vedere con gli impulsi più basici anche se in alcune occasioni un gesto spontaneo può essere contemporaneamente impulsivo.

Un gesto naturale, o spontaneo che dir si voglia, è qualcosa che mette in luce i lati autentici della nostra personalità. Lo riconosci perché è in grado di farti provare una sicurezza totale e di alimentarti internamente, viene percepito come una chiamata d'amore e di pace con la nostra vera essenza.

Se vivo in accordo con ciò che nasce in me, sono in pace con me stesso e con quello che sto vivendo.

La mancanza di spontaneità, al contrario, mi porta ad andare contro la mia stessa natura e viene vissuta come un'incongruenza interna che lascia un senso di frustrazione e che mi porta a dire che «manca qualcosa».

Quest'ultima affermazione è molto diffusa ed è una delle ragioni per le quali rincorrere sempre quello che ci manca ci illude di farci sentire in pace.

Possiamo dare il nome che ci pare a questa vocina interiore, a questa mancanza di qualcosa. Potremmo dire che questa chiamata viene dalla nostra biologia più profonda, dal nostro spirito o dalla nostra essenza e che per questo spinge affinché viviamo spontaneamente ciò che nasce in noi.

Per quanto possa sembrare incredibile, per l'essere umano la spontaneità è davvero difficile da perseguire.

Ci costa molto meno fatica essere impulsivi, insultare qualcuno che ci sorpassa in macchina o reagire visceralmente davanti a qualsiasi situazione che lasciarci scorrere e osservare cos'è quella cosa che nasce in noi; comprenderla e assecondarla è un'impresa ben più ardua che richiede tempo, attenzione e capacità di autoanalisi.

Così è il cammino: facile e difficile allo stesso tempo, può essere arduo come scalare la più impervia delle montagne o lieve come lasciarsi trasportare dalla corrente di un fiume o può essere entrambe le cose. Quello che è certo è che questo è il cammino che tutti gli uomini dovrebbero intraprendere.

Se una persona decide di essere se stessa

Ecco cosa può succedere se decidi di vivere in maniera autentica anche solo per qualche momento: la maggior parte delle persone ti vedrà come un povero idealista, un individuo poco pratico che fa cose strane.

Se poi deciderai di persistere e di continuare a vivere così non solo per qualche giorno, ma per mesi o magari per un anno intero ecco che ti diranno che sei una persona che non sa adattarsi, che importuna gli altri con la sua maniera di vivere e che sostanzialmente sei un grande egoista.

Se poi persisterai ostinatamente in questo modo di vivere nel tempo avrai creato attorno a te l'aura del mito, diranno che sei geniale, che sei un esempio da seguire e uno specchio in cui riflettersi.

La terza legge della morale di Kohlberg

Lawrence Kohlberg è lo psicologo statunitense che ha sviluppato la teoria della morale nella quale mostra le motivazioni che spingono gli esseri umani all'azione.

Kohlberg sostiene che a un primo stadio noi umani agiamo per paura di essere castigati, nella speranza di essere ricompensati o di ricavarne un qualche beneficio.

Sebbene questa modalità possa suonare familiare alla maggior parte di noi adulti, lo psicologo l'associa a una fase ben più infantile: a bambini dai quattro ai dieci anni di età.

Se viviamo seguendo la nostra natura autentica agiamo perché siamo spinti da un impulso sincero, non ci interessano le conseguenze delle nostre azioni e contravveniamo quindi al primo stadio della morale dello psicologo.

Il secondo stadio sposa invece l'idea secondo la quale facciamo qualcosa per ottenere approvazione o un giudizio positivo. È lo stadio in cui possono ritrovarsi tutte le persone adulte, in cui si agisce per convenienza, si frequentano luoghi che rendono socialmente accettabili, si trattano persone con le quali interessa ben poco relazionarsi: è la fase del fare per apparire.

In questo stadio è il riferimento esterno a dominare e, anche se mi impone di fare cose che si scontrano con ciò che sento realmente, mi contraddico e transigo facilmente.

Sia nel primo che nel secondo stadio il riferimento personale è ancora esterno e l'agito dipende da ciò che dicono gli altri: non importa quello che sento io, il giudizio vero viene da fuori.

Il terzo stadio della morale è quello in cui iniziamo a fare qualcosa perché lo riteniamo intimamente giusto, perché crediamo e sentiamo che bisogna farlo così, perché è congruente e giusto per noi viverlo in questo modo.

Secondo Kohlberg solo una percentuale molto bassa degli adulti arriva a questo livello. È lo stadio in cui il riferimento non è più esterno ma completamente interno, in cui ascoltiamo e agiamo basandoci su una convinzione personalissima. La misura di tutte le cose siamo noi.

È uno stadio molto difficile da raggiungere. Lo psicologo cita tra coloro che ce l'hanno fatta persone come Gandhi, Luther King e Madre Teresa di Calcutta; tuttavia, anche se può sembrare un livello destinato a pochi eletti, si tratta di una tendenza spontanea di tutti gli uomini.

Non abbiamo capacità di elezione in questo senso così come non possiamo scegliere di non respirare: fa parte della nostra stessa natura vivere seguendo il nostro riferimento interno. Non c'è altra possibilità, siamo fatti così e non possiamo vivere diversamente senza perderci.

Una vita di corsa

Immagina la vita come se fosse una partita di calcio: lo stadio è illuminato, gli spalti gremiti, entrambe le squadre sono schierate in campo pronte per il calcio di inizio eppure manca qualcuno, manchi tu. Ti stanno aspettando.

La porta dello stadio è aperta, l'unica cosa che devi fare è entrare, ma quando sei prossimo all'ingresso ti accorgi che intorno allo stadio ci sono un sacco di persone che si agitano; alcune camminano, altre corrono, alcune procedono da sole, altre in gruppo. Appaiono tutte molto affaticate, vorrebbero fermarsi a riposare ma sembra che non possano.

Ti passano accanto e lanciano commenti tipo: «Eccolo il furbo che non corre, chissà che cosa aspetta... Ehi, guarda che il tempo passa senza che tu te ne accorga!»

Ti viene voglia di fermare qualcuno per domandargli come mai corra, ma nessuno ha tempo per fermarsi e se glielo chiedessi ti risponderebbe: «Non siamo filosofi, non ci poniamo grandi domande, siamo gente pratica».

Però qualcuno si interessa a te e ti invita a unirti alla sua corsa: «Un vero motivo non c'è, amico; è un mistero della vita; non si sa perché corriamo, ma se noti qui corrono tutti e i più furbi corrono anche di più, quindi non ti porre troppe domande e fallo» ti spiega.

Correndo conoscerai sempre più persone fino a quando anche tu, abituato a girare attorno allo stadio, un bel giorno non ti ricorderai nemmeno più dove sia l'entrata e tanto meno ricorderai che qualcuno al suo interno ti stava aspettando per incominciare la partita. Te ne sei scordato, come succede a tutti quelli che iniziano a correre e che a loro volta erano attesi per disputare una partita.

Con il passare del tempo vedrai di tutto – gente che gareggia per scoprire chi riesce a fare il giro dello stadio nel minor tempo possibile, persone stressate perché vogliono arrivare per prime – e capirai quali sono le regole che reggono il sistema dei corridori.

Parecchia gente è convinta di poter trovare ciò che le manca correndo il più velocemente possibile. Eppure la ricerca sembra non esaurirsi mai, nonostante i numerosi giri e la fatica: loro non sanno che l'unica cosa da fare sarebbe smettere di correre ed entrare in campo.

Suicidati ma non ucciderti

Mi avvicino al parapetto del ponte e guardo verso il basso. Laggiù non c'è paura ma libertà; un solo salto e sarò libero, lontano da questi pensieri che hanno ingabbiato la mia mente.

Non ho ancora raggiunto nessuna delle tappe importanti della mia vita, ma la parola fallimento riecheggia nella mia testa e riesco solo a immaginarmi lo sguardo di disapprovazione degli altri: non ce la faccio più.

Mi sporgo dal parapetto, la libertà è ancora più vicina.

All'improvviso un pensiero attraversa la mia mente come un fulmine, producendo una scarica di energia così forte che quasi mi brucia.

Vedo con chiarezza come sarebbe la mia vita se camminassi per la strada dopo essere morto e al solo immaginarmelo provo una sensazione nuova di libertà.

Se ridono di me non ha importanza.

Se perdo tutto, non ha importanza.

Se mi abbandonano, non ha importanza.

Se non ho una buona reputazione, non ha importanza.

Se mi criticano negativamente, non ha importanza.

Se mi ammalo, non ha importanza.

Un altro fulmine attraversa il mio pensiero: e se mi allontanassi dalle vertigini del ponte per iniziare a vivere momento per momento perché il suicidio è avvenuto nella mia mente e sono lontano anni luce dalle paure e dalle ipocrisie di chi mi giudica in malo modo? E se, quindi, si fosse suicidata solo una parte di me per poter iniziare da capo, assecondando ciò che nasce nel mio intimo momento dopo momento?

Mi allontano dal ponte camminando lentamente, mi sento leggero, sono io ma non sono già più io. Sorrido ai passanti, alcuni ricambiano, altri mi guardano di traverso.

Mi chiedo: «Cosa mi resta da fare?» «Nulla» mi rispondo. «Vivere, solo questo.»

Una tendenza innata

Noi uomini abbiamo una tendenza innata a scoprire, crescendo, cose nuove; siamo curiosi per natura. Se non proviamo più interesse per qualcosa che era speciale, ci mettiamo alla ricerca di qualche novità. Se non l'alimentiamo dobbiamo accontentarci di una curiosità di seconda mano, quella per le vite degli altri; invece abbiamo bisogno ogni giorno di coricarci la sera sapendo che ci siamo lasciati alle spalle qualcosa di vecchio che apre a qualcosa di nuovo.

Quando siamo nella fase di sviluppo del nostro vero io, la paura di non poter vivere qualcosa smette di essere decisiva; non ci preoccupiamo più per i risultati delle nostre azioni e i giudizi che gli altri possono esprimere perché nell'autenticità tutto è possibile, tutto quello a cui posso aspirare lo otterrò, perché io sono in continua crescita.

Alcune teorie psicologiche chiamano questo processo attuazione del proprio potenziale personale; se sei autentico metti in atto le tue potenzialità e ti lasci scorrere; al contrario, se non lo fai entri in uno stato di stanchezza e frustrazione.

Quando non ci lasciamo scorrere il nostro sistema lo percepisce, quando non siamo autentici iniziamo a perdere il senso delle cose, tendiamo a metterci sulla difensiva e a evadere dal fastidioso segnale interno di disagio; ecco perché ci rivolgiamo alle distrazioni esterne come la televisione, l'alcol, le droghe o qualsiasi cosa possa calmare l'angoscia che proviamo nel dare le spalle alla nostra vera essenza.

L'uomo d'affari
e il pescatore che vive autenticamente

Solo quelli che non vivono la vita in maniera autentica sono preoccupate dalla possibilità o meno di diventare milionari; anche da ricchi, condurrebbero la vita che stanno conducendo ora.

A questo proposito vi racconto la storia del pescatore e dell'uomo d'affari.

Le cose andarono più o meno così.

In un caldo pomeriggio estivo un pescatore decide di ristorarsi all'ombra di un grande faggio; all'improvviso gli si avvicina un uomo in carriera che indossa un completo di fine fattura e pare soffrire molto il caldo.

L'uomo chiede al pescatore: «Perché non peschi?»

«Ho già pescato abbastanza e per oggi ho finito.»

«Ma se uscissi ora per un ultimo giro di pesca potresti guadagnare qualcosa di più.»

«E perché mai?» fa allora il pescatore.

«Per guadagnare di più e stipendiare altri pescatori come te e poter costruire nel tempo una bella squadra che lavori per conto tuo.»

«Ma perché mai dovrebbe interessarmi?»

«Ma come! Per guadagnare denaro sufficiente per stare sdraiato sotto un albero senza preoccupazioni!»

«Ma non ne ho bisogno, lo sto già facendo!»

Questo dialogo mette in luce un aspetto che accomuna molti esseri umani: la verità è che non ci interessa essere milionari, ma aspiriamo alla libertà che crediamo essere legata al possesso di denaro.

Il grande inganno è proprio questo: pensare di accedere alla vera autenticità solo attraverso la ricchezza. La vita autentica è qui, a portata di mano, basta solo saperla vivere sconfiggendo le paure.

Se non facciamo un lavoro su di noi che ci aiuti a visualizzare le nostre paure e ad agire lasciandocele alle spalle, anche con cento milioni di euro sul conto saremo sempre infelici.

Se viviamo in maniera autentica, facendo quello in cui crediamo, qualsiasi cosa essa sia, allora la vita avrà senso.

La vita non può avere senso solo per quelli che trionfano socialmente, la vita ha un senso per chiunque viva in accordo con la persona che è; ha senso per chi non vive in contraddizione, per chi fa ciò che sente, per chi non va contro se stesso.

Che furbo che sei!

Un giorno ero in un parchetto, uno di quelli in cui nell'orario del dopo scuola incontri un sacco di bambini che giocano con genitori, nonni e tate. A un certo punto uno di loro chiese a un suo coetaneo la bici per farci un giro. Una volta ottenuto il consenso, vi montò in sella e iniziò a girare attorno al parchetto sotto lo sguardo vigile del legittimo proprietario che non sembrava innervosito per l'attesa, anzi partecipava divertito nonostante avrebbe preferito esserci lui alla guida.

A osservare la scena c'era con me un signore che guardando i due ragazzi mi disse: «Quello che pedala è il più furbo e il più vivace, non crede?»

In quante occasioni della vita quotidiana capita di assistere a scene del genere, nelle quali a uscire vittorioso è il più furbo?

Sembra che nell'opinione comune i trionfatori – quelli che si sentono «vivi» – siano i più furbi, quelli che sono in grado di approfittarsi degli altri, come nel caso del bambino che si impossessa spudoratamente della bici del suo coetaneo senza provare imbarazzo ma sentendosi orgoglioso per il suo coraggio.

Per come la vedo io, invece, essere «vivo» significa poter prestare la bicicletta senza timore e agire con spontaneità nelle più svariate situazioni.

Nella nostra cultura fa fatica a insinuarsi il valore della solidarietà come sintomo di intelligenza emotiva, di forza intesa come capacità di mostrarsi vulnerabile e di vitalità intesa come assenza di inganno nel perseguimento dei propri obiettivi.

La persona che ha bisogno di ingannare lo fa perché pensa di non avere altri strumenti per ottenere ciò che vuole, ed è qui che si sbaglia.

Il furto è in realtà un'espressione totale di paura: dal funzionario corrotto, al sindaco, al consigliere comunale fino all'imprenditore che chiude l'azienda lasciandosi alle spalle debiti insanabili esprimono tutti la piccolezza più profonda che abita le nostre menti.

Nella maggior parte dei casi, molte di queste persone hanno privilegi e stipendi di gran lunga superiori rispetto alla media eppure rubano, e lo fanno perché hanno paura. Forse dovremmo essere messi tutti nelle condizioni di poter rubare per capire fino a che punto siamo succubi delle nostre paure perché, a conti fatti, non esistono buoni o cattivi in assoluto, ma individui più o meno consapevoli.

La vita è di quelli che non agiscono alle spalle degli altri per ottenere ciò di cui hanno bisogno.

La vita è di quelli che sanno dare e sanno amare incondizionatamente.

Se io potessi vivere di nuovo la mia vita

«Se io potessi vivere di nuovo la mia vita cercherei di commettere più errori, non cercherei di essere tanto perfetto, sarei meno serio di quanto sono stato, correrei più rischi, farei più viaggi, scalerei più montagne e nuoterei in più fiumi, andrei in posti dove mai sono andato, mangerei più gelati e meno fave, avrei più problemi reali e meno immaginari.

Io sono una di quelle persone che vive sensatamente e precisamente ogni minuto della sua vita. Certo che ho avuto anche momenti di gioia! Se potessi tornare indietro cercherei di viverne anche di più. Nel caso non lo sappiate, di questo è fatta la vita, di momenti, non lasciateveli sfuggire.

Io ero uno di quelli che non andava mai in nessun posto senza un termometro e un impermeabile; se potessi vivere di nuovo comincerei ad andare scalzo sin dall'inizio della primavera e continuerei così fino alla fine dell'autunno. Andrei a ballare, azzardando dei passi arditi e raccoglierei più margherite.»

Testo attribuito a diversi autori
tra cui Borges o García Márquez.

Per favore, compi un gesto sorprendente, compi la più grande pazzia della tua vita. Fai qualsiasi cosa che non ti conduca a scrivere un testo del genere quando sarai in là con gli anni e sentirai che il tuo tempo sta terminando.

Non importa l'età che hai, non c'è nulla di cui colpevolizzarsi, la vita spesso fa sì che si viva anni senza accorgersi di cose fondamentali. Ma quando te ne accorgi allora è il momento di agire davvero.

Il fatto che tante persone illustri abbiano lasciato messaggi ai posteri per avvisarli di non cadere nella trappola dell'autoinganno non fa che dar credito al mio monito: vivi ogni giorno con intensità, come fosse l'ultimo. La vita è troppo breve e troppo bella per chiuderla in una gabbia che per lo più ti sei costruito da te.

Ti auguro di non lascare ai posteri un messaggio colmo di rimpianti come quello che abbiamo appena letto, ma uno pieno di gratitudine per la vita ricca che avrai vissuto.

La morte

Quando mi chiedo come mai facciamo così fatica ad accettare la vita per quello che è, incluso il momento in cui dalla vita ci dobbiamo distaccare, ho la sensazione che sia perché pensiamo di non aver ancora vissuto abbastanza, di non aver vissuto appieno i momenti che avevamo a disposizione; è per questo che non siamo preparati, perché ci manca ancora qualcosa.

Se poi aggiungiamo anche l'atavico timore della morte, grande sconosciuta, e la paura che si scatena nel nostro cervello per ciò che non è noto, il quadro si completa.

Mi piace immaginare la vita come una partita di calcio che abbiamo accettato di disputare accettandone in toto le regole. Tutto va bene finché l'arbitro non fischia la fine del novantesimo minuto; solo allora ci impuntiamo opponendoci alla conclusione dell'incontro; vorremmo continuasse perché siamo ancora pieni di energia e pronti per lo sprint finale: «Non può essere, perché non può concedere ancora cinque minuti, cosa succederà dopo la partita? Ne giocherò un'altra? Dovrò cambiare squadra? Io non voglio cambiare squadra!»

È curioso: nella vita, come nel calcio, dal momento della nascita iniziamo ad apprendere una serie di regole e quelle in cui mettiamo più entusiasmo e attenzione sono quelle imposte dall'uomo; attribuiamo meno importanza alle regole naturali, quelle che contano di più.

La morte è appunto una di queste regole della natura e ci fa così paura perché non le prestiamo attenzione fino al momento in cui non ci tocca direttamente; ma arriva inesorabile, per noi come per chi ci sta attorno.

Morire è un atto semplice ed è governato dalle sue proprie regole: capita a tutti, a qualsiasi età, in qualsiasi momento e per qualsiasi ragione; la morte non è né giusta né ingiusta, succede in continuazione a tutte le ore, in tutto il mondo.

Da giovane mi illudevo che le cose, anche le più ingovernabili, potessero andare diversamente, almeno per me e per i miei cari; col tempo ho capito che ci sono troppe realtà più grandi di me che non mi sarà mai dato di cambiare.

La mia missione è vivere pienamente e non stupirmi per qualcosa di così ineluttabile come la fine della vita. Posso provare un dolore immenso per la morte di un mio caro, ma non posso stupirmi per il fatto che accada.

Questa amara consapevolezza può gettare una luce positiva sul nostro presente: proprio perché non mi è dato sapere quanto vivrò non c'è che una via d'uscita: vivere!

Non mi resta che giocare i novanta minuti della partita come se fossero la mia unica opportunità di dare il massimo affinché la squadra vinca, per divertirmi e per imparare a essere un giocatore migliore.

Non si può intendere la morte se non si intende la vita; qualcosa che nasce e non deperisce va al di là dell'umana comprensione, ecco perché è più interessante vivere adesso ciò che si ha a disposizione.

La vita ci chiede solo di vivere in maniera tale da abbracciare la morte come qualcosa di intrinseco alla vita stessa; non posso leggere la morte come qualcosa di malvagio senza leggere la vita allo stesso modo.

Le scuse dell'uccello che non voleva più volare

Ci fu un luogo in cui gli uccelli non volavano ma camminavano a fatica sulle due zampe; camminare era per loro uno stress, andavano lenti e si dovevano fermare spesso.

Come avviene di frequente in questi casi, lasciarono passare così tanto tempo senza volare che si dimenticarono persino come si faceva.

Da giovani avevano sognato di riprendere a volare, ma la vita li aveva chiamati al suo rigore; gli impegni, la famiglia... non era più tempo per le follie, il passato era passato.

E così trascorrevano il loro tempo senza ricordarsi che erano uccelli e che gli uccelli sono fatti per volare; ormai si erano abituati allo stato di cose, alle brevi passeggiate, alle occasioni di incontro, alla vita a terra.

E quando l'angoscia che provavano per aver sovvertito la propria natura si faceva più drammatica allora incolpavano i capi o la guida della comunità, senza capire che anche loro condividevano le stesse inquietudini.

Ma nessuno si metteva davvero a dibattere sull'importanza di tornare a volare; tutti parlavano del miglioramento delle condizioni di vita a terra.

Ogni tanto si sentiva qualche uccello, subito marchiato come pazzo, declamare agli angoli delle strade: «Noi siamo nati per volare, siamo uccelli! Dobbiamo smetterla di pensare alle nostre condizioni a terra, è in cielo che dobbiamo tornare!»

Nessuno aveva tempo e voglia di fermarsi ad ascoltare quelle parole: tutti erano troppo affaccendati nel mantenere l'ordine costituito.

Nonostante morissero molto giovani perché non assecondavano la loro natura, gli uccelli avevano costruito un apparato di storie quasi mitologiche sui rischi del volo e anche quei pochi che azzardavano un cambio di vita venivano stigmatizzati e fatti desistere in breve tempo.

A causa delle malattie che li colpirono e degli attacchi sempre più frequenti dei predatori, la comunità degli uccelli che non volavano si estinse rapidamente, non accorgendosi per tempo che l'unica cosa che avrebbero davvero dovuto fare era tornare a volare.

«Non piangere, non indignarti, capisci»
(Baruch Spinoza)

Immaginati che di colpo ti vengano a prenderti per portarti a lavorare come schiavo in una lontana piantagione. Sai che sarà per sempre e che stai per perdere definitivamente la tua libertà. Immagina anche che l'unica via di fuga potrebbe essere saltare in un fiume venti metri sotto di te dove ti attende una barca che ti porterà in salvo.

Pensi sia necessario essere coraggiosi per saltare? In questo caso il vero coraggio sarebbe non farlo. Se capissi che l'unica via d'uscita è saltare, nonostante il rischio di spezzarti una gamba, il salto sarebbe un atto di chiarezza, non di coraggio.

Nella vita più che di coraggio, abbiamo bisogno di comprendere: dobbiamo imparare a capire che l'autenticità è un passaporto per la nostra salute mentale, che è il bene più grande nella vita di un essere umano, quasi più importante del nutrimento. La comprensione è tutto: quando riesci a cogliere la realtà e ciò che conviene fare in ogni momento, semplicemente devi viverlo.

Se tu intimamente sai che alla base della pace interiore risiede la capacità di vivere ogni momento comprendendo quello di cui hai bisogno, fallo e non avere paura del giudizio di quanti ti diranno che stai rischiando, che sei spericolato e persino matto.

Quando capirai che essere quanto più autentico possibile è ciò che conta, ed è anche la cosa più sicura che tu possa fare, allora vivrai libero.

Tutto quanto ho raccontato fin qui ha un solo scopo: mostrare che la vita dell'essere umano va vissuta in armonia con quello che ciascuno sente e che l'unico ostacolo che possiamo incontrare è la paura mentale.

Capire questo concetto è tutto.

La felice vita in cattività

Un giorno entrai in uno zoo per vedere i delfini. Erano chiusi in un grande acquario e mi colpì la bellezza dell'ambiente in cui nuotavano e l'atmosfera serena che da esso emanava.

Evidentemente fecero lo stesso effetto anche sugli altri visitatori, e infatti ci furono diversi commenti sulla fortuna toccata a quei delfini di stare lì, nutriti e coccolati da tutti.

Sembravano vivere in un ambiente protetto e qualcosa nella mia mente mi fece dire che anch'io volevo vivere in quel modo.

Tutto sembrava perfetto, i delfini vivevano in un'acqua con temperatura costante, consumavano pasti abbondanti a tutte le ore, potevano giocare tutto il giorno e avevano un'équipe medica a disposizione anche per un minimo graffio. Gli umani li coccolavano, li curavano; nell'acquario non c'erano predatori né i pericoli del mare aperto.

Che vita quella dei delfini nell'acquario!

Manca però un piccolo dettaglio, i delfini erano chiusi in un luogo dove non volevano stare, per il quale non erano nati e che era loro totalmente estraneo. Vivevano circondati da una quantità di umani che non sarebbero bastate due vite in mare per incontrarli tutti. Senza correnti marine di acqua calda e fredda, senza migrazioni, senza la fuga dai predatori, senza possibilità di cacciare a loro volta, senza compagni di viaggio, senza poter sviluppare la capacità di difendersi dall'ambiente circostante, senza poter scegliere con chi accoppiarsi né veder crescere le proprie creature in libertà...

Il pensiero successivo che attraversò la mia mente fu quindi: «Davvero vorresti vivere come un delfino? Comodo ma in cattività?»

Il primo pensiero, amante dello stile di vita del delfino, attaccò di nuovo: «Tu non lo capisci. Non capisci che uno deve fare qualsiasi cosa per vivere sicuro; se avessi figli lo capiresti...»

Il pensiero libertario non si tirò indietro: «Cosa intendi dire, che se uno vive la sua vita in libertà i figli patiranno la fame?»

«Chiaramente, vivendo una vita libera ti esponi alla possibilità che ci siano giorni in cui non avrai cibo. Se fossi un po' responsabile questo di per sé dovrebbe già bastarti come risposta. Come potresti cambiare la tua vita facendo morire di fame i tuoi figli?»

Qualche tempo dopo questa conversazione tra le due fazioni del mio cervello ebbi un colloquio analogo con un amico che a proposito di libertà e figli, mi raccontò la storia di sua madre.

«Dopo la morte di papà, con i pochi risparmi che le rimanevano, mia madre, che era infermiera, cominciò a vendere macchinari per la riabilitazione fisioterapica in casa. A quel tempo non c'era ancora mercato per questo genere di marchingegni, erano molto costosi, venivano percepiti come un lusso e in pochi erano disposti a comprarli. I soldi in casa non bastavano mai e così mia madre si mise a fare turni extra in ospedale.

«Nonostante ciò era sempre di buon umore, ci raccontava le storie dei suoi pazienti e ci parlava continuamente di papà che era mancato quando noi eravamo molto piccoli. Certo, forse non avevamo biciclette fiammanti o scarpe nuove a ogni stagione ma ci eravamo abituati ed eravamo felici. Ci appoggiò nei nostri studi anche se non poté aiutarci economicamente; ci sostenne in tutte le fasi della nostra vita con il suo spirito tenace e libertario.

«Mia madre non ci ha lasciato nulla di materiale ma qualcosa di ancora più grande: l'idea che con le nostre forze avremmo potuto ottenere qualsiasi cosa. E aveva ragione.

«Negli anni ci ha insegnato con i fatti che quello che davvero conta nella vita è vivere in libertà passando attraverso le difficoltà e superandole.

«Quindi, sono dell'idea che se davvero vuoi lasciare qualcosa ai tuoi figli devi vivere tu per primo al massimo e non importa se ci saranno giorni duri perché, ti assicuro, se i tuoi figli ti vedranno vibrare di energia vitale, quei giorni nemmeno li ricorderanno. Per me è stato così.»

Attaccati a ciò che ti fa stare bene

Alcuni anni fa portavo sempre con me, nella tasca interna della giacca, un libriccino consunto pieno di annotazioni e frasi sottolineate e di tanto in tanto lo tiravo fuori e le rileggevo. Sfogliando le pagine mi resi conto che sottolineavo sempre la stessa frase: «Attaccati a ciò che ti far stare bene e non lasciarlo andare», una frase semplicissima ma allo stesso tempo molto saggia.

Semplice come seguire ciò che mi fa stare bene, qualcosa che magari in quel momento non ho voglia o mi costa molto fare, ma che so, dopo, mi darà un senso di infinita soddisfazione.

In omaggio a questo splendido libro e al suo autore di cui non ho mai conosciuto altro che la parola scritta, riporterò qui di seguito alcune delle frasi che hanno segnato il mio modo di vedere la vita e che saranno senz'altro state il frutto della sua ricerca personale.

Intrepido e libero come un leone, vaga, risoluto nel vivere la tua verità. Per questo dovrai andare avanti senza paura sapendo che incontrerai molti ostacoli sul tuo cammino. Ma sappi che tutti i sentieri impervi e scoscesi si faranno pianeggianti quando unirai le forze della tua anima e ti toglierai la maschera.

Educa la tua mente, è l'unico compito importante.

Non chiedere consiglio ma segui la tua inclinazione, l'esperienza sarà la risposta.

Sii indipendente, abbi fiducia nelle tue possibilità e nella vita; se non credi in te stesso, le più dure esperienze della vita ti obbligheranno a farlo.
Non fare piani, fai dell'incertezza la tua certezza.
Vivi ogni giorno come fosse l'ultimo.

Grazie a Chaitanya.

Siamo arrivati al punto più alto della nostra civiltà?

«Tutte le culture sono mortali al pari degli uomini, la nostra religione e la nostra cultura stanno tramontando, da cosa verranno sostituite?»

Testo adattato da una frase di George Steiner

Tutte le civiltà ad oggi conosciute hanno ritenuto che fosse stato raggiunto il culmine della sapienza, che la realtà che percepivano era l'unica e che le religioni e le scoperte scientifiche a cui avevano dato vita erano il massimo a cui si potesse aspirare.

Ci furono quelli che credevano che la Terra fosse piatta, quelli che pensavano che i tuoni fossero l'ira di Dio, quelli che ritenevano che la comunicazione epistolare fosse la più moderna, quelli che pensavano che trascorrere un mese in nave per raggiungere un altro continente fosse il paradigma del trasporto futuro, quelli che affermavano che Internet era inutile e che i computer non sarebbero mai entrati nelle nostre abitazioni.

Forse tra qualche decina d'anni i posteri ricorderanno la nostra civiltà come un insieme di persone stressate che corrono senza meta da una parte all'altra, perdendosi durante il cammino e chissà, magari rideranno di noi non riuscendo proprio a capire come abbiamo potuto vivere in questo modo. Magari i medici del futuro non crederanno ai loro occhi quando, guardandosi alle spalle, vedranno che nella nostra civiltà, davanti a una malattia come il cancro (e non è detto che non scompaia in futuro) non si è mai tenuta troppo in conto la situazione psicofisica del paziente e rimarranno ancora più sbigottiti nell'accorgersi che la miglior cura che abbiamo trovato per questa malattia è stata rimuovere la parte malata del paziente per poi riempirlo di raggi e di sostanze chimiche che indeboliscono tutte le cellule del suo corpo.

Magari ci vedranno come noi vediamo il medico che somministrava whisky al paziente per anestetizzarlo e poi lo operava con un coltello.

Oppure, più semplicemente, ci vedranno per quello che siamo, una civiltà che forse sa tanto di smartphone e televisori al plasma, ma conosce molto poco l'essere umano, come funziona il suo corpo e le sue emozioni.

Per quanti aerei abbiamo saputo progettare, non siamo i più furbi; dal punto di vista umano siamo preistorici; continuiamo a ucciderci per denaro e lasciamo che le persone muoiano di fame perché non abbiamo ancora capito come ridistribuire le risorse.

L'unico traguardo che possiamo sperare di raggiungere e che sarà oggetto di ammirazione per le generazioni future non sarà tecnologico ma umano.

Il nostro successo sarà lasciarci alle spalle una maniera di vivere così tanto basata sulla paura e poco sul cuore da nuocere a noi e al mondo in cui abitiamo.

Non ci resta che spezzare questa folle catena e dare spazio alla trasformazione che ci farà ricordare dalle prossime generazioni come la civiltà del cambiamento e non come quella dei barbari che hanno distrutto il pianeta.

La sicurezza

«La sicurezza è per lo più una falsa convinzione.
Alla lunga, evitare il pericolo non è più sicuro che esporvisi.
La vita è un'avventura rischiosa o non è nulla.»

Helen Keller, scrittrice, attivista e insegnante statunitense

Il fatto che Helen Keller, sordomuta e cieca, abbia passato la sua vita a motivare gli altri è qualcosa che continua a sorprendermi. Se lei è riuscita a superare la sua paura e a vivere la vita che sentiva di voler vivere è assolutamente impossibile che non ci riusciamo tutti.

Cosa ci impedisce di attuare un autentico cambiamento?

Quando leggi della vita di una persona come lei ti rendi conto che non puoi lamentarti o nasconderti dietro le circostanze e vittimizzarti; non ti rimane altro che riconoscere che se non avviene un cambiamento è perché sei tu a scegliere di rimanere dove sei. Ma a che prezzo?

Non provare a dire che certe persone sono «speciali» e hanno una forza particolare, mentre tu non ne hai abbastanza; ognuno di noi ha in sé la forza sufficiente per vivere quello che sente di voler vivere della sua vita e non ci sono né vinti né vincitori o alcuni migliori di altri.

Gandhi non fu migliore di altri, ma visse la sua vita nella più autentica maniera possibile, il suo segreto è racchiuso in questo semplice assunto.

Sono profondamente convinto che non ci siano stati né geni né grandi esseri umani, ma persone comuni che hanno vissuto la propria vita e seguito il proprio cuore fino alla fine mentre altre sono rimaste ingabbiate nelle loro paure.

Ci sono migliaia di Helen Keller che, come lei, hanno attraversato il deserto della paura per educare il loro cervello e orientarlo verso il cuore, e non occorre un grande coraggio per farlo, non è rischioso; e il vero rischio, nel caso di Helen, era l'impossibilità di comunicare.

Come gli uccelli che rinunciano a volare, corriamo il rischio di venir depredati dal tipo di vita che conduciamo. Siamo stati cresciuti tutti con l'idea che la sicurezza dia protezione e conforto, che bisogna avere un lavoro certo, un'assicurazione sulla vita, una casa di proprietà, una relazione stabile; ma nessuno ci ha avvisato che se questa sicurezza non è davvero sentita come necessità si converte in una gabbia.

Ognuno di noi ha desideri e aspirazioni diversi e ognuno di noi intimamente sa che tipo di vita vorrebbe vivere. È per questo che è sbagliato adeguarci tutti a un unico modello: la vita deve poterci stupire, metterci alla prova e divertire.

Quanto nasce spontaneamente dal nostro cuore è la cosa più sicura che ci sia; e non è vero che le persone che vivono ascoltandosi sono più coraggiose perché è molto più faticoso sforzarsi di sostenere e sopportare le sensazioni negative percepite nel momento in cui ci sottraiamo alle nostre inclinazioni. Sopravviviamo perché patiamo tutta la difficoltà del vivere contrariamente a quello che sarebbe per noi naturale.

Chi vive in maniera autentica non vive come un eroe, vive semplicemente la vita che ha davanti, la vita in cui fa quello che sente. Non è eroismo, è vivere.

Non abbassare la testa, tienila sempre alta. Il mondo va guardato dritto negli occhi.

Helen Keller

L'opportunità

Qualche tempo fa, una collega ci comunicò che sua madre era gravemente malata, che aveva bisogno urgente di essere operata e che purtroppo, trattandosi di un intervento delicato, bisognava farlo in una clinica privata. Sapevo che per lei era uno sforzo economico enorme e che doveva essere un grande peso voler aiutare la mamma senza averne i mezzi.

All'improvviso mi venne un'idea: potevo soccorrerla io; la cifra che le avrei dovuto prestare non mi avrebbe cambiato la vita e lei avrebbe potuto rendermela con calma una volta portata a termine l'operazione.

Quel solo pensiero mi riempì di entusiasmo, potevo rendermi utile e aiutare una persona in difficoltà; il peggio che poteva succedere è che lei non avesse la possibilità di restituirmi il denaro, cosa che non mi preoccupava affatto.

Lasciai passare qualche ora prima di comunicarle la mia decisione; nel frattempo iniziarono a sorgere mille dubbi e io iniziai a visualizzare i pro e i contro: volevo cambiare vita e il denaro quindi mi sarebbe tornato utile... Alla fine potrebbe trovare il denaro anche per altre vie, pensai. Quella che poche ore prima era una convinzione iniziò a sfumare nella mia mente fino a scomparire del tutto.

Poco tempo dopo lasciai il lavoro; venni a sapere che l'operazione era andata a buon fine e che la mia collega aveva ipotecato la casa per sostenere le spese.

Non seppi mai più nulla di entrambe, investii il denaro che

avrei dovuto prestarle in un'operazione finanziaria fallimentare dove persi tutto.

Ci penso spesso perché è evidente come la paura di perdere del denaro mi abbia fatto perdere l'opportunità di aiutare un'amica.

Una civiltà in cura

Inizia più o meno così: ti accorgi di non stare troppo bene, il disagio si aggrava fino a sfociare in un forte dolore in alcune parti del corpo e solo allora vai dal medico che ti prescrive degli accertamenti. Una volta appurato che non è nulla di grave, il medico ti dice che potrebbe trattarsi di stress e, siccome si accompagna a un forte dolore, ti prescrive un calmante ed eventualmente un antidepressivo.

La tua vita prosegue identica, non cambia nulla, solo che non senti più il dolore e quasi dimentichi il motivo del tuo disagio.

Per conviverci hai un aiuto: le pastiglie che da eccezione diventano norma. Con il passare del tempo, un aiuto che doveva essere transitorio diventa un'abitudine difficilmente sostituibile.

Prova a immaginare se si riuscisse a dimostrare che la depressione si può curare con una seduta settimanale da un bravo psicologo in grado di ascoltarti e di curare il quadro ansiogeno o ossessivo che non ti permette di vivere bene, o a dimostrare che le depressioni minori possono essere guarite con placebo che hanno lo stesso effetto dei farmaci: sarebbe bellissimo vero?

Entrambe le cose sono state dimostrate e, nonostante questo, tra il 2005 e il 2010 il consumo di psicofarmaci in Spagna è cresciuto del 30 per cento (secondo i dati del Censis negli ultimi sei anni in Italia è aumentato del 16,2 per cento, *N.d.T.*) e sempre più studi attestano che un prolungato uso di psicofarmaci può danneggiare la salute. In Spagna se ne vendono più di cento milioni l'anno.

Siamo una civiltà in cura. Viviamo nel mondo dell'immediatezza, dell'immagine, dell'apparenza e adoriamo le soluzioni rapide che rimuovano almeno superficialmente i nostri problemi; posso morire dentro, ma l'importante è che fuori non si veda.

Tutti vorremmo liberarci delle nostre paure, ma non abbiamo né voglia né tempo di faticare per farlo; ci illudiamo di riuscirci guardando la tv o portando avanti la nostra vita senza turbamenti, non vogliamo che qualcosa ci scombini, odiamo il troppo caldo e il troppo freddo, le attese in coda, star male, e se stiamo male, per favore datemi subito una pastiglia.

Questo è più o meno *Il mondo nuovo* descritto da Aldous Huxley, nel magistrale romanzo in cui le persone sono controllate da dittature silenti e vengono soggiogate attraverso invisibili forme di controllo, tra cui la somministrazione di «pillole della felicità».

In molti devono aver letto nell'opera di Huxley, oltre che una premonizione, anche una possibilità di business; il mercato degli psicofarmaci è più prolifico di quello delle droghe illegali.

Un'attività che si regge sulle persone che soffrono e crea dipendenza alimentando il bisogno; ma, cosa ancora più inquietante, cela un business spietato dietro la maschera della giusta causa: se con le pillole si vive meglio, le case farmaceutiche non sono in fin dei conti dispensatrici di felicità? Si tratta di un mercato legale a tutti gli effetti e se i medici, che sono i saggi della contemporaneità, prescrivono di loro pugno le nostre droghe, non può essere così male no?

Gli psicofarmaci rispondono perfettamente al bisogno di immediatezza dell'uomo contemporaneo: non occorre spendere soldi in terapie o impegnarsi in viaggi e ricerche spirituali: con una pillola al giorno e nel giro di poco tempo la buona riuscita è assicurata.

La vita è difficile, in tempi di crisi lo è ancora di più, le persone hanno bisogno di evasione e la medicina sembra offrire la soluzione più rapida e facile che ci sia.

Trattato personale di nutrizione

Una mattina mi alzai e anziché fame avevo una gran sete; bevvi mezzo litro d'acqua mi sentii pienamente soddisfatto, era esattamente quello di cui avevo bisogno: non presi il caffè, pensai che avrei dovuto mangiare qualcosa ma non mi andava, il mio corpo non me lo stava chiedendo.

Uscii di casa per svolgere le consuete commissioni e verso mezzogiorno iniziai a sentire un languorino che nel giro di poco si sarebbe trasformato in fame. Successe qualcosa di ovvio; avevo fame e volevo mangiare. Mangiai e mi sentii benissimo. Verso l'una e mezzo qualcuno mi chiese se avevo mangiato, al che risposi che sì, che non avendo fatto colazione mi era venuta presto fame.

La risposta non si fece attendere. «Ma non va bene, lo dicono anche i medici, bisogna fare una ricca colazione con pane, marmellata, latte: è il pasto più importante della giornata».

Il giorno successivo mi alzo e come al solito non ho fame ma sete; bevo la mia acqua ma fisso con senso di colpa i cereali, sono contrariato e mi chiedo: «Chi meglio del mio corpo sa come mi devo nutrire?»

Inizio a informarmi sulla questione e ne evinco che ho un problema: non so nutrirmi.

C'è gente competente che potrebbe aiutarmi a mangiare meglio e quindi a sentirmi meglio, ma il mio problema personale persiste: la mattina non ho fame e voglio solo bere acqua fresca e anche se i nutrizionisti sono concordi nell'affermare il contrario, io non posso farci nulla.

Alla fine mi trovo davanti al solito dilemma: prendo la decisione da solo ascoltando ciò che dice il mio corpo o mi affido agli esperti in materia?

Da buon sacrilego ed eretico quale sono, con tutto il rispetto nei confronti dei medici e dei nutrizionisti, mi sono messo a studiare una forma di alimentazione basata su un esperimento che si sviluppa nel seguente modo.

- Scoprire quali alimenti o quali combinazioni di alimenti mi fanno sentire bene, mi soddisfano e non mi creano problemi digestivi.
- Provare a nutrirmi per un breve periodi di questi alimenti analizzando le conseguenze che hanno su di me.
- Fare colazione come richiesto dal mio corpo.
- Monitorare quando mangio per ansia: se si verifica di solito mangio di fretta e dopo mi sento pesante mentalmente e fisicamente. Quando succede devo capire cosa mi manca nel momento che vivo e perché cerco di riempire un vuoto attraverso il cibo.
- Sapere che quando mi ascolto in maniera autentica non sento ansia, quindi il peso e l'alimentazione non costituiscono un problema.
- Sapere che in fondo quello che ingrassa o fa perdere peso è la mente insieme ai suoi pensieri nocivi che mi inducono o meno a mangiare.

Così facendo, ho capito che l'alimentazione è naturale tanto quanto imparare a respirare o a camminare; per mangiare ho solo bisogno di ascoltare i miei bisogni e di dare al mio corpo quello che mi chiede.

Alla ricerca di uno stato mentale

Tutto ciò che faccio lo faccio con l'intento di stare bene. Tendenzialmente penso e spero che le mie azioni possano migliorare la qualità della mia vita, quello che cerco è uno stato mentale.

Quello stato mentale di pace e allegria che non ha niente a che vedere con lo stato alterato ed euforico indotto dall'alcol o dalle droghe, ma piuttosto con l'empatia, con il senso di unione con gli altri; è uno stato che tu hai già dentro di te, non c'è bisogno di lavorarci, è lì pronto per essere sperimentato, anche se il tuo conto in banca non sta altrettanto bene, se il tuo capo è stressato e tu non stai trovando un senso nelle cose che fai e nelle relazioni che vivi.

Visto che tutti noi aneliamo a raggiungere questo stato mentale di pace e visto che lo abbiamo innato in noi, non sarà forse ora di accorgersi che il suo raggiungimento non dipende dalle circostanze?

Qualche tempo fa attraversai un momento molto difficile, uno di quei momenti in cui fatichi a ritrovare il senso, in cui tutto pare complesso e irrisolvibile; a un certo punto, stanco di soffrire, cambiai stato mentale, mi affidai all'ineluttabile e cominciai a ripetermi come se fosse un mantra: «Non importa, così è» fino al punto in cui ritrovai il sorriso.

Cosa mi era successo? Ero un irresponsabile? Avevo perso la testa? Immagino che molti lo pensarono, eppure io per la prima volta in vita mia vidi con chiarezza che non doveva succedere nulla al di fuori di me per farmi stare bene, ma che al contrario la risorsa era in me.

Si passa una vita intera cercando di non soffrire e poi, quando accade davvero ci si accorge che la vita continua, che si è ancora vivi e che non solo si può convivere con il proprio dolore, ma si può farlo bene.

Ancora una volta mi trovo a dimostrare che la risposta è dentro di noi, dentro tutti noi. Ognuno quando arriva al limite, quando ha già sofferto abbastanza dovrebbe arrendersi, deporre le armi e smettere di lottare contro se stesso. È in quel momento che si spalancano le finestre per far entrare aria nuova: da lì si riparte, dal punto in cui si vuole ricominciare.

È lì che avviene il vero incontro con la persona che sei e da lì puoi riprendere il tuo percorso affrontando tutti gli ostacoli che incontrerai sul tuo cammino. Davanti a qualsiasi barriera psicologica, a quel punto avrai una risposta semplice e diretta: «Non importa, è così», perché avrai più fiducia nella tua vita che nella tua paura. È il momento di spingere il cuore oltre l'ostacolo.

Il successo

In seguito alla pubblicazione del mio primo libro in molti mi hanno augurato un grande successo; riflettendoci, sebbene sapessi che l'intento era di trasmettermi empatia, auspicando che tutto andasse per il verso giusto, ho cominciato a pensare che nella nostra società la misura del successo è data dall'interesse suscitato negli altri da ciò che fai, piuttosto che da come fa stare te. Ed è qui che mi sono accorto dell'equivoco: sono gli altri con la loro approvazione che danno senso a quello che facciamo. Avere successo non significa lavorare bene, essere corretti, vivere secondo la propria natura, ma ricevere una valorizzazione che arriva dall'esterno.

Secondo questo modello non è sufficiente quindi esprimere autenticamente quello che è in noi, ma ci convertiamo tutti in marionette mosse dall'opinione altrui.

Quando mi siedo a scrivere, qualsiasi cosa succeda fuori, mi sento libero, inizio a sentirmi davvero a mio agio e so che non vorrei essere da nessun'altra parte. Se, al contrario, non scrivo o non partecipo a incontri, a forum dove posso esprimere ciò che sento, vivo la frustrazione perché ciò che mi dà energia è dare voce a quello che ho dentro.

Spesso per paura si evita di rivelare fino in fondo la propria natura, ma non possiamo illuderci di poterla nascondere a lungo; Freud diceva che non si può mentire, la verità emerge dai pori della nostra pelle. Se amo qualcuno, ogni mio gesto parla di quell'amore.

Nel mio caso, quindi, l'atto dello scrivere è un'espressione naturale di quell'amore, e me ne accorgo perché in quei momenti non potrei fare altro che questo. Siamo tutti liberi di scegliere che cosa fare della nostra vita; ci sono però esigenze che si manifestano più forti di altre e a quel punto non ci si può tirare indietro perché ciò ci causerebbe una sofferenza infinita.

Vivere in questo modo è già di per sé un successo e se le nostre imprese verranno applaudite o criticate all'esterno non è più affar nostro perché noi ci stiamo limitando a compiere il nostro destino.

La causa primaria dell'infelicità non è fare ciò che faccio, qualsiasi occupazione abbia, ma è voltare le spalle a chi sono veramente.

Qualunque sia la tua situazione economica o familiare, non c'è niente di peggio che vivere nella struttura mentale imposta dalla paura: la vita si muove seguendo il suo corso e ti chiede solamente di lasciarla scorrere.

Seguire la chiamata interna

Prova a pensare a qualcuno che ami profondamente e sinceramente, e immagina che ti chiamino per dirti che è in ospedale ricoverato a seguito di un grave incidente.

Qual è il tuo primo impulso? Lasciare tutto quello che stai facendo per raggiungerlo il più presto possibile. Arrivi in ospedale e prima di accedere alla stanza in cui è ricoverato devi passare una serie di controlli, sei quasi arrivato quando ti fermano per un'ultima firma. Le due donne che presiedono l'attività ti allungano il foglio e iniziano a ridere; non capisci quale sia il motivo della loro fragorosa risata, ma la verità è che non ti interessa; l'unica cosa a cui pensi è che vuoi raggiungere il prima possibile il capezzale del tuo caro.

A questo punto ti pongo una domanda: se sei capace di superare qualsiasi ostacolo per raggiungere una persona che ami in difficoltà, perché nelle situazioni di ordine quotidiano lasci che il giudizio altrui abbia un peso così grande su di te?

Che differenza c'è tra qualcosa che senti dentro e qualcosa che è di vitale importanza? Le due chiamate non hanno la stessa origine?

Se ascolti quello che senti non hai bisogno dell'opinione di nessuno: è la tua vita e non può essere altrimenti.

Abbiamo visto fin qui molti esempi, tra cui quello della nutrizione e quello della persona cara in pericolo di vita che ancora una volta sottolineano la forza della nostra capacità di autodeterminarci: così come non c'è miglior giudice del nostro corpo che può decidere quando e come abbiamo bisogno di nutrirci, altrettanto sentiamo la spinta a mollare tutto quando qualcuno che amiamo è in difficoltà.

Tutti questi esempi non fanno altro che gettare luce sul fatto che le risposte sono dentro di noi.

Bisogna solo fermarsi, ascoltarle e seguire la chiamata.

Se ti muovi, verrai giudicato

Nel mito della caverna di Platone, l'uomo liberatosi dalle corde che lo tenevano legato e dopo essersi accorto che ciò che vedeva erano ombre riflesse sulle pareti e non immagini reali, volle condividere la notizia con i suoi simili, ma questi al sentire il suo racconto si presero gioco di lui.

Qualcosa di analogo succede anche in una storia che racconta Richard Bach nel suo libro *Illusioni* in cui immagina una comunità di persone che vivevano su un fiume, aggrappate ai giunchi delle due sponde, e che avevano sempre le mani ferite a furia di sbatterle contro le pietre. Un giorno un uomo, stanco di quella vita, decise che piuttosto di rimanere ancora in quelle condizioni era disposto a rischiare il tutto e per tutto lasciandosi andare.

Quando gli altri vennero a conoscenza di questa sua decisione iniziarono a deriderlo, dandogli del matto e cercarono di intimorirlo ricordandogli che se non si fosse tenuto attaccato all'argine, avrebbe trovato la morte.

Lui però non ne volle sapere e una bella mattina, sotto lo sguardo attonito di tutti, decise di abbandonare la presa. L'acqua del fiume lo trascinò vorticosamente su e giù, l'uomo appariva e scompariva tra le acque agitate del fiume, tutti temettero il peggio finché, a un certo punto, centinaia di metri più a valle lo videro uscire dall'acqua sano e salvo. Non solo non era affogato: era un uomo libero.

Cosa credi che abbiano detto gli altri membri della comunità? «Ce l'ha fatta perché è speciale. Noi non potremmo, non ne siamo capaci.»

Chissà, magari è successo anche a te in qualche momento della tua vita di esserti comportato in maniera speciale, di aver aperto porte, di aver rotto con la paura senza accorgertene, e di aver esplorato la vita del cuore.

Forse anche tu sei stato deriso, ti hanno detto che sbagliavi e ti hanno criticato; stai pur certo che se ti muovi, se rompi gli schemi e ti allontani dal tracciato verrai giudicato, non per cattiveria, ma perché quelli che non riescono a buttarsi si sentiranno in diritto di farlo.

Chi decide di passare la vita immerso nell'astio della sua paura attaccherà con violenza le scelte di chi invece inverte la rotta, e lo farà perché in qualche modo il tuo cambiamento sottolinea la sua immobilità.

Disse il bruco poco prima di diventare farfalla: «I miei simili non hanno bisogno di me, sono io che ho bisogno di loro per poter continuare a essere come non vorrei».

Cosa andrà di moda la prossima stagione?

Ci sono individui che precorrono le tendenze perché hanno gusti per così dire all'avanguardia. Sono quelle persone incontrate per strada che si vestono e persino si muovono in maniera particolare e mostrano la sicurezza propria di chi sa che farà tendenza e che prima o poi verrà seguito anche da altri.

Nei prossimi anni passeranno di moda i Suv, le gigantesche macchine che occupano spazio urbano e consumano e inquinano troppo; ci si muoverà grazie al car sharing o coi mezzi pubblici, e quelli che per anni erano abituati a identificarsi con la macchina che guidavano diventeranno fuori moda.

Passerà di moda la proprietà privata: quante meno cose avrai tanto più farai tendenza, nessuno vorrà più comprarsi casa, ci si sposterà di affitto in affitto, magari nello stesso quartiere perché anche avere rapporti col vicinato tornerà di moda.

Anche la qualità sarà di moda: non più case né edifici scadenti e la gente non accetterà più servizi poco qualificati seppur economici. Le imprese che hanno costruito un business lavorando a basso costo spariranno dal mercato.

Non solo passerà di moda ma costituirà l'anticlimax sociale avere un lavoro fisso, un mutuo da pagare, una macchina nuova ogni tre anni, le vacanze sempre al mare e la vita sicura.

Chi, nonostante tutto, continuerà a vivere così, verrà sostenuto da uno psicologo.

La moda che irromperà con maggior forza sarà l'assenza di moda.

Aspettiamoci di tutto, sarà la deregolamentazione totale, ognuno farà quel che gli va di fare: andrà di moda appoggiarsi e sostenersi vicendevolmente e contribuire alla pace sociale partendo da quella individuale.

Non farà più tendenza la responsabilità sociale d'impresa, tanto che quando in un supermercato leggeremo sull'etichetta della carta igienica che acquistandola contribuiamo alla salvaguardia degli elefanti in Africa scapperemo a gambe levate per non tornarci mai più.

Passerà totalmente di moda aspirare alla ricchezza o svolgere una delle quattro professioni che storicamente hanno sempre procurato denaro e prestigio; andrà di moda aspirare a cose diverse e non ci sorprenderemo più raccontandoci i nostri reciproci progetti di vita.

Non si terrà più il denaro in banca perché pian piano le banche spariranno e insieme a loro il bieco consumismo.

Andrà di moda abbracciarsi, salutarsi con sentimento e non con una stretta di mano, il finto bacio sulla guancia e il colpo sulla spalla.

Passerà di moda sposarsi dinanzi a giudici, preti o chicchessia, si vedranno più unioni di cuore e meno cerimonie pompose. Ognuno sarà libero di festeggiare la sua unione come crede.

Andranno di moda l'iniziativa individuale e il cooperativismo, il lavoro in proprio e l'autonomia, andrà di moda stare soli senza essere soli ma godendo del momento.

Andrà di moda il sesso allegro e sincero.

Passeranno di moda i tour organizzati, i viaggi in massa, le crociere e i grandi hotel, e andranno di moda i viaggi alla scoperta di se stessi, dormire a casa delle persone del posto per entrare davvero in contatto con le usanze dei luoghi visitati...

Soprattutto, passerà di moda criticare quelli che non sono alla moda.

Spesso le utopie non sono altro che verità premature.

Alphonse de Lamartine

Schemi comportamentali

In psicologia si identificano tre tipi di schemi comportamentali che corrispondono ad altrettanti tipi umani e si possono riassumere più o meno come segue.

Il tipo A è tendenzialmente ostile, molto energico, competitivo, impaziente e aggressivo. Queste caratteristiche possono dare origini a problemi di tipo cardiovascolare e a soggetti a rischio infarto.

Il tipo B è di indole rilassata, tranquilla e ottimista. Tende ad avere una salute stabile e una vita sana.

Il tipo C agisce in maniera conformista, poco assertiva e dipendente, tende a inibire le sue emozioni. È più di altri soggetto ad ammalarsi di cancro.

Al tipo A i medici consigliano di prendere la vita in maniera rilassata e di non agitarsi inutilmente, ma questi consigli non sortiscono molti effetti perché il tipo A è condizionato dalle sue paure mentali: «Devo essere il migliore e fare qualsiasi cosa in mio potere per riuscirci a costo di danneggiare la mia salute; in realtà non mi attribuisco molto valore e mi comporto in modo che gli altri mi valorizzino».

Al tipo C i medici consigliano di camminare molto, di stare a contatto con la natura e di provare a mostrare le proprie emozioni dicendo dei no. Ma le persone di tipo C tendono a farsi sopraffare dalla loro mente, temono di uscire dal tracciato sicuro che si sono costruite e quando lo fanno stanno anche peggio.

Però, sia il tipo A sia il C, se non vengono guidati nel percorso di accettazione del sé e nell'autoconoscenza, non saranno mai liberi.

L'unica via per condurre un'esistenza ricca di senso è accettarsi totalmente per sconfiggere i preconcetti che sono all'origine delle paure e che ci spaventano dinanzi alle novità.

Il tipo B è colui che antepone il cuore agli ostacoli, che vive in maniera autentica e che è prima di tutto libero internamente.

Le fasi della vita

Si dice che nel corso della nostra vita attraversiamo diverse crisi, legate ad alcuni grandi cambiamenti.

Da bambini viviamo assecondando la nostra indole e non abbiamo conflitti interni fino a quando gli adulti non iniziano a imporci delle regole. Solo in seguito a un lungo periodo in cui ci adattiamo alla vita nel branco iniziamo a sentire la necessità di una maggiore coerenza interiore e di una più profonda autenticità.

La prima crisi. L'adolescenza

È l'età in cui vorremmo vivere secondo i nostri impulsi, ma avendone profondamente paura. Il riferimento è esterno e la nostra accettazione passa dal giudizio degli altri; è un momento difficile in cui ci sentiamo disarmati: a quindici anni siamo ribelli, cerchiamo l'indipendenza a tutti i costi e rimaniamo in una sorta di indipendenza esterna fittizia.

La catarsi dei vent'anni

Fino a quest'età, a seconda della nostra condotta veniamo più o meno stimati dagli adulti e continuiamo a dipendere dagli altri nel giudicarci, quando potremmo esserne indipendenti.

Sono gli anni in cui, seguendo una sorta di legge non scritta, tutti dovremmo trovare una forma di vita congruente con il nostro momento di vita, lasciando da parte le cose che non ci riguardano più e cercandone di nuove là dove mancassero.

Siamo ancora totalmente immersi nel ciclo sociale; cerchiamo lavoro perché tutti lo fanno, un luogo dove vivere, un compagno o una compagna, e tentiamo in tutti i modi di trovare il nostro spazio nelle strutture sociali che ci sono imposte; ci finiamo dentro come se non ci fosse altra possibilità e ci adattiamo alimentando il ciclo delle scelte dettate dalla paura.

Da questa fase in poi ci sentiremo dire: «La vita è così...»

La seconda e le successive adolescenze

A un certo punto della sua carriera lo psichiatra e psicanalista Carl Jung si accorse che riceveva molti pazienti tra i trentacinque e i cinquant'anni con problemi simili: tutti si lamentavano di non trovare un senso nella vita, nonostante avessero fatto liberamente le loro scelte.

Jung cominciò a chiamarla crisi di mezza età o della seconda adolescenza.

Persone che, dopo essersi consolidate professionalmente e affettivamente, provavano uno straziante senso di vuoto, persone a cui mancava qualcosa che non avevano ancora trovato.

In Occidente si parla della crisi dei quarant'anni quando, nonostante si sia fatto tutto ciò che ci è stato richiesto, sentiamo un vuoto che il nostro corpo, oltre che la nostra mente, non sa come colmare.

In India si dice che i quarant'anni sono l'età del cambiamento, un momento in cui dare una direzione diversa al nostro punto di vista e in cui focalizzarci su quello che sentiamo rispetto a quello che gli altri si aspettano da noi.

In Oriente suddividono le tappe della vita in questo modo: dalla nascita ai vent'anni è l'età della sopravvivenza, quella in cui obbediamo agli adulti e ai nostri tutori.

Dai venti ai quaranta è l'età in cui pensiamo a creare una famiglia, a lavorare e a fare carriera. Dai quaranta ai sessanta è la fase in cui ci si conosce davvero e dai sessanta alla fine dei nostri giorni è il momento in cui si aiuta gli altri a conoscere se stessi.

Il denaro

Il denaro è così importante per la nostra società da rendere difficile credere che si tratti di poco più che un pezzo di carta con un dato valore numerico a cui si è attribuito un valore convenzionale.

Nella nostra società il denaro e il possesso in genere rappresentano il punto più alto della sicurezza a cui si possa aspirare; nel momento in cui si è proprietari di qualcosa da poter vendere o affittare ci si ritiene molto fortunati.

Il nostro cervello chiede sicurezza e non sopporta di vivere nell'incertezza data dalla novità: possedere qualcosa sembra calmarlo e chissà che non si possa abituarlo a sentirsi sicuro nell'apparente incertezza della vita. Cosa succederebbe se mi sentissi a mio agio con quello che ho adesso e nella consapevolezza che quello che mi succede è quello di cui ho bisogno?

Forse vivrei come vive qualsiasi animale che dipende dagli avvenimenti della vita seguendone il flusso.

Ho imparato che la vera sicurezza sta nel riporre tutta la nostra fiducia nella vita e che per placare la richiesta di controllo del nostro cervello basterebbe mettersi nelle sue mani.

Nell'immaginario comune vivere secondo i dettami del cuore anteponendolo agli ostacoli pare l'opzione più debole, mentre le proprietà e il denaro costituiscono la certezza; in realtà non vi è scelta più sicura che rimettersi nelle mani della vita stessa, con quello che ci regala.

Io non credo ci sia nulla più di questo, il resto è solo un autoinganno.

Che sicurezza ci può essere, anche con tutto il denaro o le proprietà del mondo, se la vita può colpire me o chi amo con una malattia o un incidente? Che genere di sicurezza posso cercare in eventi che non dipendono in alcun modo da me?

Tentare di «mettersi al sicuro» nella vita senza abbandonarsi a essa costituisce una fonte inesauribile di sofferenza perché porta con sé la paura del «cosa succederà».

Non vi è nulla di più saggio che consegnarsi alla vita, e poi succeda quel che deve succedere; solitamente perché ciò avvenga è necessario che capiti qualcosa che ha l'effetto di una detonazione. Ci riconciliamo con la vita quando interviene qualcosa che fa a pezzetti la realtà che ci siamo costruiti, e non ci resta nulla se non aggrapparci a ogni momento che viviamo.

Non fare nulla per denaro

«Smetta di raccontare storie e parli di ciò che davvero importa ai cittadini, parli di economia!»

Un presidente del governo uscente al suo successore in un dibattito politico.

Com'è possibile vivere nella nostra società seguendo il principio «non fare nulla per denaro»?

A ben vedere la stragrande maggioranza di ciò che facciamo è in relazione con il denaro. In molte occasioni, se non ci fossero di mezzo i soldi non ci comporteremmo in un determinato modo e non saremmo nel luogo in cui siamo. Le decisioni che abbiamo imparato a prendere sono condizionate dal denaro, anche se non ce ne accorgiamo e continuiamo a ripeterci che per noi non è importante.

Forse, più che porci il quesito: «Perché non fare nulla per denaro?» potremmo allora chiederci: «Perché non agire secondo una motivazione interna?»

Il denaro è un potente stregone in grado di dirci se agiamo per paura o meno; è il punto più alto della motivazione esterna, e vivere in sua funzione è la caratteristica essenziale della società della paura.

So che stai pensando che sono un grande idealista e ti stai chiedendo come sia oggettivamente possibile smettere di vivere per il denaro: «Lascio il lavoro che faccio ma come guadagno uno stipendio? Come potrei vivere in un altro luogo se non posso pagarlo?»

Ecco, ancora una volta anteponiamo una serie di scuse per non vivere secondo i dettami del cuore. Di qualunque genere esse siano, impallidiscono dinanzi alla visione chiara che mi mostra la mia autenticità, a sottolineare il fatto che non sono nato per vivere controllato dalla paura. A conti fatti, non esiste scusa valida per non essere chi si è.

Ogni volta che mi pongo una delle domande di cui parlavo prima o se mi accorgo che sto facendo qualcosa mosso dalla bramosia del denaro e non perché davvero lo sento, penso alla storia del passerotto.

La natura dell'uccello è quella di volare e non c'è momento in cui non se lo ricordi perché è l'istinto stesso a chiamarlo al volo. «Gli animali non si sbagliano, è l'istinto che li guida.»

Per gli uomini è lo stesso: nulla può giustificare il fatto che ho tradito me stesso e la mia istintività.

Quando la guardo in questa maniera, vivere diventa semplice, la vita si converte in un'esperienza quotidiana in cui quello che è giusto fare si manifesta davanti agli occhi con la stessa spontaneità con cui la frutta matura cade dall'albero.

Finché non riuscirai a superare le paure e a vivere secondo quello che ti detta la tua voce interna, le mie rimarranno solo parole.

Se per esempio non vuoi fare nulla per denaro, non restare immobile, ma ascolta te stesso e cerca di capire quello che ti suggerisce la tua intelligenza intuitiva.

È così che è iniziato il mio risveglio, quando ho cominciato ad ascoltare la mia intuizione anche se al principio le sue proposte mi facevano paura e trovavo continue giustificazioni per allontanarmi da ciò che sentivo realmente.

Ognuno di noi in questa fase si confronta con il suo limite e sa fino a che punto può spingere indietro la paura.

Bisogna prima di tutto essere indulgenti con se stessi, capire i propri limiti sforzandosi giorno dopo giorno di sbrogliare la matassa della paura; per prima cosa dobbiamo avere fiducia nella vita e capire che se siamo chiamati a un determinato percorso è perché probabilmente abbiamo al nostro interno le risorse per poterlo affrontare; l'importante è avere il coraggio di mettersi alla prova per vedere fin dove si può arrivare.

Oggi io credo con fermezza che agire senza interessi sia la maniera migliore per guadagnare denaro, avere un luogo in cui vivere e incontrare qualcuno con cui condividere la vita, ma riconosco con altrettanta convinzione che vivere in questa maniera è una grande sfida perché contravviene in toto il modello educativo che ha forgiato la maggior parte di noi e il più delle volte in uno stadio iniziale ci rivolta gambe all'aria. Vivere secondo quello che il cuore ci suggerisce di fare suona come una locuzione poetica, ma non lo è affatto: sconfiggere le proprie paure è niente affatto semplice.

Non ci hanno abituato a soffrire, ma è importante che ognuno di noi passi attraverso il suo dolore e i suoi vuoti per sconfiggere le sue paure. Ma, come ho già detto, se non sperimentate una vita lontana dalle motivazioni della paura le mie rimarranno soltanto parole.

La rivoluzione umana

La cultura in cui viviamo ha potenziato negli anni l'attitudine ad attribuire un valore, anche economico, alla posizione sociale, al possedere, all'apparire, al quoziente intellettivo, lasciando al margine i valori umani come la compassione, la fratellanza, l'amore, l'amicizia, l'altruismo e l'allegria. Nella società in cui è tanto importante l'andamento della Borsa ci è sfuggito un piccolo dettaglio: non siamo «uomini economici»!

Se la disumanizzazione continua di questo passo, il conflitto ci condurrà fino al nostro limite: abbiamo bisogno di un forte ritorno all'essenziale.

Prima fu il fuoco, poi l'agricoltura, in seguito la rivoluzione industriale fino alla rivoluzione tecnologica che viviamo in questi tempi. Oggi è il tempo di un ritorno al lato umano: l'umanizzazione invaderà tutto, la politica, l'educazione, l'impresa e le relazioni umane.

Se tutto cambia, si evolve e si trasforma, anche la nostra mente può farlo; possiamo aspirare a diventare veri esseri umani che, come gli uccelli non possono far altro che volare, non potremo far altro che seguire la nostra natura, e chissà magari essere *anche* «tecnologici» ed «economici».

Il tipo antisociale

Ken Wilber dice che dovremmo essere «trans-sociali»: né tipi antisociali né socialmente corretti. In questo si trova d'accordo con Bertrand Russell, il quale affermava che bisogna fare il minimo necessario per non essere considerati antisociali e che qualsiasi cosa in più può rivelarsi controproducente.

Il tipo antisociale è tale perché probabilmente le sue porte interne si sono via via chiuse, paura dopo paura.

Hai mai provato la sensazione di impotenza data dalla convinzione che per te non ci sarà nulla di diverso nella vita, che non avrai mai una vita soddisfacente e che i fantasmi del «Tu non puoi» e del «Tu non ce la farai» ti perseguiteranno sempre?

Io ammetto di essermi sentito così, e in quel momento il mondo era per me un luogo difficile e cupo.

In una crisi di questo genere sarebbe stupendo (e alcuni lo faranno) rompere definitivamente con la paura e vivere secondo le proprie norme interiori; invece ciò che di norma accade è purtroppo il contrario: persistiamo afferrandoci alle nostre paure e le convertiamo in rabbia, violenza, frustrazione ed escapismo.

È in questo modo che si è forgiato il tipo antisociale, il quale si trova immerso nell'impossibilità di agire e ha come unica via di fuga il disprezzo per le leggi.

È interessante vedere come casi di antisocialità si manifestino all'interno dei più svariati contesti sociali: sindaci, banchieri, funzionari statali che rubano e accettano commissioni illegali; costoro non hanno probabilmente mai creduto di poter valorizzarsi per quel che sono, ma solo attraverso ciò che guadagnano più o meno legalmente.

Il mondo della paura è molto subdolo e si mostra consistentemente in tutti gli strati sociali.

Il tipo sociale

Il tipo sociale è convinto che la maniera in cui vive lui sia l'unica possibile e non cambierebbe per nulla al mondo lo *status quo*. Alla maggior parte di noi, fin da piccoli hanno insegnato l'arte di essere socialmente corretti; l'essere sociale impara a inghiottire bocconi amari, e normalmente si rassegna; cerca a tutti i costi la via più facile, tenta di non risaltare e, pur sapendo di vivere in una società malata, non lo ammette perché altrimenti dovrebbe pensare di cambiare; preferisce adattarsi e accontentarsi di quello che c'è.

Il tipo sociale quando protesta lo fa perché si sente prigioniero dei poteri pubblici, politici, religiosi ed economici e se ne lamenta, però poi li subisce perché è prigioniero del suo carcere della paura.

Il tipo sociale vive più o meno tranquillo finché attorno a lui nulla si muove; se al contrario avviene qualche cambiamento, può reagire con una sensazione di perdita di controllo che lo fa diventare molto nervoso o estremamente freddo.

Il tipo sociale ha imparato che a essere sensibili si può provare dolore e ha quindi deciso di anestetizzarsi, convertendosi in una persona ferma e risoluta anche a spese altrui.

In realtà non è uno psicopatico, sente la paura, ne è atterrito e per questo è diventato insensibile: per non sentire la paura che gli dà vivere né l'angoscia di non vivere.

Chi di noi non ha mai fatto del male? Chi di noi non è mai stato insensibile? Chi non ha mai vissuto esperienze disumanizzanti? Il nostro stesso stile di vita è il terreno fertile per esperienze di questo genere.

Il tipo sociale sarà poi sempre uguale, disincantato, si abituerà a incassare e a non mollare: sul lavoro, in famiglia, nel suo giro di conoscenze, nel suo paese.

Non ha mai imparato che si può vivere in uno stesso luogo ma con altre regole e in un altro modo. Se lo sapesse, forse ci proverebbe.

Secondo Erich Fromm diventiamo insensibili per difenderci dalla sensazione di non vivere ciò che siamo e dal dolore che ciò comporta.

Non sappiamo che il vero dolore viene dalla nostra stessa incapacità di ascoltarci e dal continuo scappare da noi stessi per tendere a una normalità omologante.

Il tipo sociale può provare cinque minuti di empatia davanti alle più efferate nefandezze mostrate in un telegiornale, ma poi torna ai suoi problemi come se nulla fosse, rincuorandosi con un: «La vita è così».

Nel film *Margin Call* l'attore Kevin Spacey è un dirigente di una grande impresa finanziaria che, poco prima di compiere l'operazione che causerà un disastro economico di portata globale e la rovina di moltissime persone, piange inconsolabile la morte del suo cane.

Pochi minuti dopo, asciugatosi le lacrime, dà il via alla trattativa che sotterrerà l'economia occidentale senza batter ciglio e pronunciando un freddo: «Lo faccio perché ho bisogno di denaro».

Quest'uomo sembra incarnare difetti che ci accomunano tutti: abbiamo imparato a vivere in questa maniera, silenziando la nostra sensibilità per poter vivere nel modo che più ci fa comodo.

Siamo dei sopravvissuti, ci adattiamo a quasi tutte le circostanze e, nonostante le statistiche relative ai malati di depressione e ai suicidi riportino cifre molto alte (in pochi sanno che ci sono più morti per suicidio che per incidenti o omicidi), non prendiamo in considerazione il fatto che forse la maniera in cui viviamo sia sbagliata, e continuiamo a far sì che la nostra società, la società della paura, non smetta di funzionare.

L'accettazione

«Accetta il momento che vivi come se fossi stato tu a sceglierlo.»

Eckhart Tolle

Per poter vivere in contatto con ciò che sentiamo e con il momento presente è importante accettarsi con i propri automatismi, le proprie trappole mentali e le proprie paure, altrimenti la mente, troppo impegnata nell'autocensura, non lascerà spazio per pensare a null'altro.

Invece, nel momento in cui prenderai coscienza del fatto che sei un essere umano, che sei vivo e che nessuno nella storia dell'umanità è stato né migliore né peggiore di te, riuscirai ad accettarti per quello che vali.

Non si è buoni per quello che si fa, ma per quello che si è e per il solo fatto di essere vivi. Possiamo ritenerci soddisfatti, pur avendo fatto qualcosa di nocivo a noi e agli altri, se ci siamo presi la responsabilità di tutto quello che abbiamo detto e fatto, e delle sue conseguenze.

L'accettazione induce all'azione. Accettare non significa non cambiare nulla, ma smettere di alimentare un tipo di pensiero che non conduce da nessuna parte. Spesso il cambiamento arriva in seguito a una presa di coscienza della situazione che stiamo vivendo; accettare il momento che si vive non vuol dire mesta rassegnazione, ma responsabilizzarsi per ciò che accade.

Il primo passo da muovere è accogliere il moto interiore delle nostre emozioni davanti a qualsiasi situazione; i saggi dicono che quando si acquieta la loro lotta interiore, si acquieta anche la nostra lotta col mondo.

Accettare quindi non significa reprimere, ma stare in ciò che abbiamo, nelle emozioni che proviamo, nel momento in cui le viviamo. Accettare significa aprirsi all'esperienza senza combattere gli eventi: dobbiamo ricordarci che ciò a cui facciamo resistenza persisterà.

Tutto quello che accettiamo con pienezza ci porta a uno stato di pace mentale che è il punto di partenza per reagire e comportarsi in maniera consona a ogni situazione.

Accettare ciò che accade non significa rimanere quieti ma vedere lucidamente e capire quindi come muoversi. Al contrario, opporre resistenza mentale a quello che ci succede ci fa perdere molta energia e ci lascia esausti e con poca voglia di agire.

Secondo John D. Teasdale, ci sono due modi per vivere:
– controllando tutto e arrovellandoci intorno a quello che non accettiamo pensando di poter così modificare quanto ci accade;
– accettando ciò che ci succede senza resistere con forza e agire partendo da questa presa di coscienza.

Quali strumenti hai per capire che non stai accettando ciò che accade e stai invece opponendo resistenza?

Il rifiuto per esempio passa attraverso il nostro corpo come negatività e in questo caso il corpo mi informa che sto in qualche modo facendo resistenza.

Quando proviamo una sensazione negativa di fronte a qualcosa ci potremmo chiedere: cosa sto contrastando? Che cosa non sto accettando?

C'è solo una tecnica da consigliare per accettarsi: accettare.

Alle persone che ne soffrono si raccomanda di non reprimere i comportamenti ossessivo compulsivi, ma di dar loro spazio così che il corpo arrivi a regolarsi da sé.

L'accettazione di se stessi è uno strumento potente, perché ci permette di andare avanti senza stancarci.

Una volta qualcuno mi disse: «Mi spiace, so che vorresti continuare a girare attorno a quello che ti è accaduto, compatendoti e senza accettare quello che ti è successo. Ma devo dirti che l'unica via è affrontarlo con determinazione o annegherai nel tuo dolore.»

Allora ho pian piano imparato un gioco: arrendermi interiormente.

Tante volte qualcosa in me si ribella perché fatico ad accettare quello che accade o è accaduto e così non mi resta che ripetermi: «Sì, è successo». «Sì, ho questo tipo di tendenze.» «Sì, mi sbaglio e mi contraddico continuamente.» «Sì, sta capitando proprio a me.»

Quando ci costa fatica capire quale sentiero seguire, rimane solo una soluzione: deporre le armi.

Sembra una sconfitta, vero? In realtà è il primo passo verso la vittoria. Quando ci si arrende la mente inizia a riposare, il corpo ci dice come stiamo e una luce anche se piccolissima illumina il cammino. Ogni volta che mi accorgo di una lotta interiore prendo la decisione, cosciente, di abbandonarla, gioco e guardo che essa accada; invece di discutere, agisco: sento che cosa nasce dal mio cuore e mi lascio trasportare.

La chiave della felicità è abbandonare il bisogno di aver ragione. Accettare è agire, è assumersi le proprie responsabilità. Quando finisce la lotta interiore termina anche quella esterna.

L'accettazione del momento presente è la migliore strategia per vivere la vita senza aggiungervi più sofferenza di quella che c'è.

Non c'è niente di ciò che facciamo, in maniera cosciente o meno, che dia più vergogna del non essere noi stessi e non c'è nulla che ci renda più felici di sentire, pensare e dire ciò che realmente parla di noi.

Erich Fromm

Il suicidio del cervello

È strano come a volte la nostra mente, il nostro cervello, che dovrebbe aiutarci a sopravvivere, possa invece arrivare a farci dire, in momenti di grande sofferenza, che non ce la facciamo più e che preferiremmo morire.

In qualche momento della tua vita ti è capitato di soffrire tanto da pensare «sarebbe meglio essere morto che convivere con questa angoscia»?

Succede a molti (me compreso), anche a persone che non hanno un disturbo psichico ma si trovano in un momento difficile, succede che i pensieri diventino talmente autodistruttivi che in qualche modo compiono un suicidio.

Sensibili al dolore degli altri

Quanto siamo sensibili al dolore degli altri? Non mi riferisco a quella commozione passeggera suscitata dalla sofferenza vista in tv, letta sui giornali o filtrata attraverso il racconto di qualcuno, ma a un sentimento di reale vicinanza alle persone che soffrono, tanto da cercare di alleviarne il dolore come meglio possiamo.

Purtroppo ci hanno insegnato a vivere con freddezza e abbiamo dimenticato come provare empatia verso gli altri; quindi quello che facciamo, con tutta la nostra buona volontà, è simpatizzare, facendo della sofferenza altrui qualcosa di nostro; per questo è comprensibile che a un certo punto la sofferenza altrui tracimi tanto da invaderci e farci scappare per tentare di vivere in pace.

Questo solitamente è il momento in cui ci raccontiamo che siamo troppo sensibili e pertanto dobbiamo proteggerci.

Purtroppo, temo che la verità sia un'altra: non sappiamo gestire né la nostra sofferenza né quella degli altri perché la vulnerabilità ci sembra bandita, crediamo sia pericoloso e che soffrire sia un fallimento: ecco perché tendiamo a voler lenire il dolore altrui rapidamente, ecco perché abbiamo deciso di diventare freddi e insensibili.

Forse non sappiamo che il corpo e le sue emozioni, se noi glielo permettiamo, si sanno regolare da sé, senza bisogno di reprimere. Lottando contro l'emozione negativa in realtà la rinforziamo con il risultato che, quando tentiamo di evitare il dolore, lo stiamo potenziando.

Alla fine la sola uscita che vediamo possibile è renderci impermeabili e insensibili per non soffrire.

La fretta

«Ogni volta che ho fretta mi siedo e aspetto che passi.»

Nessuno sa con certezza perché corriamo. Nessuno saprebbe dirti perché vive e come vive; ti darà risposte sulla scia di «La vita è così», «Corro per approfittare del tempo e potermi concedere più ore di riposo» (correre per riposarsi?!) ma la verità è che nessuno sa davvero perché va di fretta.

Alcuni ti potranno forse rispondere più sinceramente e dirti: «Vivere di fretta mi fa sentire vivo», «Andare di corsa, avere tanti impegni, mi fa sentire importante», oppure «Così facendo sento di essere qualcuno».

Anche se vivere di corsa è una delle cose più dannose che possa fare l'essere umano, generalmente si tratta di uno stile di vita messo in discussione poco.

Se sto male ogni volta che bevo del latte dopo un po' penserò che, nonostante mi piaccia moltissimo, soprattutto nel caffè, sarebbe meglio smettere di berlo.

Con la fretta succede stranamente il contrario: anche se è stato ampiamente dimostrato che vivere così può avere conseguenze nefaste sulla nostra salute noi continuiamo imperterriti, come se fosse il destino ineluttabile dei nostri tempi: cortisolo e adrenalina nel sangue, battito del cuore accelerato, stanchezza cronica, ovvero la sensazione di essere su una scala mobile che non si ferma mai e dalla quale pare di non poter scendere, un traguardo che per quanto si rincorra non arriva mai.

In pochi mollano il colpo e mettono in discussione il proprio stile di vita; davanti a qualsiasi situazione nuova la soluzione sembra essere correre di più, magari anche aiutandosi con la chimica o con qualche energizzante, pochi pensano che forse basterebbe fermarsi un secondo, lasciare decelerare il battito del cuore e respirare. Invece no, noi andiamo avanti così, perché chi si ferma è perduto e il personaggio che interpretiamo ogni giorno sarebbe costretto a calare la maschera. Siamo tutti grandi attori con un'unica differenza: mentre i veri attori sanno di interpretare un ruolo fittizio noi no, e ci caliamo nei panni di chi non siamo in maniera poco consapevole.

Questo personaggio che interpreto vive la sua vita e se mi fermo e crolla la maschera possono emergere tutte le sue imperfezioni, le sue pene e i suoi dispiaceri; ecco perché preferisco correre da una parte e dall'altra per non avere nemmeno un momento a quattr'occhi con quel personaggio imperfetto che sono.

In una società sana nessuno andrebbe di fretta, tutti si accorgerebbero che fa male e vi rinuncerebbero. Invece è l'opposto: molti si nascondono dietro l'ineluttabilità di una vita di corsa e tanti altri ammettono, quasi con orgoglio, di essere dipendenti dal cortisolo e dall'adrenalina, senza sapere di essere dipendenti da qualcosa che può ucciderli, visto che lo stress è il lontano responsabile di molte malattie di media e grande intensità.

Perché dobbiamo spingerci fino al limite tirando una corda che è pronta a spezzarsi da un momento all'altro?

Si vive di fretta perché quello che viviamo sembra non bastarci mai, abbiamo bisogno di correre di qui e di là per sentirci vivi, di muoverci e di non avvertire il vuoto, di rincorrere uno stato di pace al quale non arriveremo mai.

Abbi compassione di te stesso quando ti accorgi di correre in questo modo e abbi compassione anche degli altri che incroci affannati: quelli che vivono di fretta sono coloro che stanno arrivando tardi all'incontro con se stessi.

Il discepolo disse al maestro: «Non posso lasciare tutte le cose che ho da fare, non posso vivere senza fretta».

Il maestro rispose: «Ricorda che quando abbandonerai questo corpo smetterai improvvisamente di fare tutte queste cose. comportati come se fossi morto e lascia tutto da parte».

Evasori professionisti

Quando evito di ascoltarmi e di dare retta a quello che nasce dentro di me, mi sento a casa. Questo però significa che sono abituato a farlo, ne sono così assuefatto da farlo diventare un gesto automatico come inserire le chiavi nella toppa ogni volta che entro in casa.

Solitamente evitiamo o procrastiniamo quando sentiamo che potremmo essere messi in discussione dagli altri o dall'invadente inquilino che abita la nostra mente; di norma in quei momenti ci sentiamo invulnerabili e protetti, ma è una sensazione che dura poco, lasciando spazio al malessere e al senso di colpa. È così, ogni volta.

Quando vivi evitando di essere chi sei davvero, l'unica cosa che invece andrebbe fatta, la frustrazione emerge sotto forma di rabbia, ira, cinismo e risentimento contro il mondo, contro te stesso e contro quelli che incroci sul tuo cammino.

Guardare in faccia questo automatismo per me è stato difficile, riconoscerlo e accettarlo ancora più doloroso. Oggi però esso si è trasformato nel mio più grande maestro, mi sta vicino ricordandomi cosa voglio fare davvero e mi chiede di non farlo. Passa il tempo e io le do sempre meno retta; tuttavia sono molto grato a questa sveglia biologica.

L'equilibrio interiore

L'uomo è diverso da tutti gli esseri che abitano questo pianeta: ha una testa potente, una grande capacità di pensare e ricordare e facoltà che lo inducono paradossalmente ad allontanarsi da se stesso.

A causa dell'eterna giovinezza della sua mente indomabile, l'uomo non ha più il controllo di ciò che vive e segue gli impulsi che appaiono sul suo schermo mentale credendo di essere l'autore dei contenuti. Il nostro sistema interno è in grado di indicare cosa desidera e cosa gli viene naturale, ma se la mente, dopo anni di pratica, pensa diversamente, ci avvisa con un segnale di paura molto forte che cercherà di impedirci di vivere quello che sta nascendo in noi spontaneamente.

Questo genera una grande impotenza dalle molte conseguenze fisiche, sociali e mentali ma, soprattutto, provoca la perdita dell'equilibrio, il tesoro più prezioso che ognuno di noi nasconde.

Un bene enorme e più importante del cibo con cui sfamarci: non necessariamente il cibo porta a un equilibrio, mentre, al contrario, un buon equilibrio farà in modo che noi possiamo sfamarci. Quando ci manca l'energia spirituale è perché non viviamo in accordo con la persona che siamo davvero, divenendo così molto più vulnerabili.

Scopri come fare

«Non ti riconoscerai più; se ti riconosci è perché stai vivendo nella paura.»

Ci sono tre modi di vivere che mi hanno aiutato a dissolvere le mie paure, indirizzandomi verso una vita più autentica:

1) agire con spontaneità in ogni istante
2) coltivare l'attenzione attraverso la pratica meditativa
3) condurre una vita ordinata (la più difficile!)

Della prima pratica ho parlato lungo tutto il libro; è il punto di partenza, la vita stessa.

Pensa di continuare a chiedere un bicchiere d'acqua nonostante tu lo stringa tra le mani cercandolo ovunque, arrivando quasi a pensare che morirai di sete. Poi, a un certo punto, dopo tanto cercare e tanto soffrire, ti accorgi che tenevi l'acqua tra le mani.

Non saprei dirlo in maniera più chiara: la persona che sei è l'insieme delle espressioni attraverso cui, momento dopo momento, ti manifesti: non ti resta che credere in quella persona e viverti a pieno.

A volte, vivere quello che nasce in noi spontaneamente, il che dovrebbe essere un'attitudine spontanea, si converte in un fatto sporadico: se hai fame e non mangi il corpo insiste fino a farti sentire male per ricordarti che devi nutrirti; è così in tutti gli ambiti della nostra vita: come per le necessità più elementari così nelle relazioni, nella ricerca di un senso; se la mia intelligenza più profonda mi spinge a vivere qualcosa che io ignoro, la sua chiamata si farà sempre più insistente fino a farmi sentire male.

Il nostro sistema desidera vivere qualcosa di cui traccia un ipotetico sentiero e se noi ce ne allontaniamo troppo, come un TomTom ci avviserà in tutti i modi che stiamo deviando. A questo punto il segreto sta nel farsi accompagnare da ciò che la vita decide, non da quello che decido io.

Quando ci lasciamo scorrere e seguiamo la vita nel suo flusso, non esistono lamentele, non ci chiediamo se sia giusto o sbagliato, ma viviamo in pienezza e non cerchiamo chiarimenti sulla maniera in cui lo facciamo.

Quando non la seguiamo arrivano costanti dubbi, che mettono in scacco la nostra esistenza.

Gli animali vivono così, seguono il loro istinto fino alla morte, siamo noi che siamo convinti di essere al di sopra degli eventi.

Per vivere in modo autentico non c'è bisogno di cambiare radicalmente, nessuno cambia davvero: l'importante è aprirsi alle esperienze che nella vita porteranno a cambiare.

Per quanto riguarda la pratica meditativa, si tratta di agganciare l'attenzione al momento presente per rendersi conto di ciò che pensiamo, diciamo, sentiamo e facciamo.

Per poter accorgermi del contenuto dei miei pensieri e delle mie emozioni e per poter essere cosciente di ciò che faccio ho bisogno in prima battuta di affinare la mia attenzione: la meditazione non è altro che piena attenzione al momento presente, priva del giudizio e del pensiero.

Secondo gli insegnamenti del Buddha il fine della pratica meditativa è sradicare la sofferenza dalla nostra mente; e mi piace affermare che attraverso la meditazione sradichiamo la paura dalla nostra mente per poter vivere secondo il nostro cuore.

Come pratica meditativa, per esempio, mi è molto di aiuto osservare le mie conversazioni mentali. Ogni volta che ascolto un dialogo nella mia mente, provo a lasciarlo scorrere in una sorta di flusso di coscienza consapevole senza intervenire con commenti: in assenza di questi il mio cervello tende a smettere di conversare.

Nel lieve silenzio della mente è facile vedere tutto con più chiarezza; in quel momento ci è possibile accorgerci dove sta l'attenzione rispetto a quando siamo immersi in una conversazione mentale che non ci porta da nessuna parte.

Uno studio ha dimostrato che il sessanta per cento di quel che pensiamo non conduce a nessuna azione e non serve a nulla: sono evoluzioni della mente, e non mi riferisco alla meditazione saggia, ma alla fascinazione indiscriminata per l'attività mentale.

Ti propongo qui una pratica osservativa del tuo respiro; la puoi svolgere ovunque e in qualsiasi momento, dura un attimo. Inizia col contare dieci respiri profondi, poi chiediti dov'era la tua attenzione e se eri distratto dai pensieri. Il semplice fatto di sederti e contare i respiri, lasciandoli liberi, aiuta molto a centrare l'attenzione; l'importante è farlo in maniera libera, senza forzarti né giudicarti per quello che succede in quel momento.

L'aspetto fondamentale di questa pratica non è mantenere l'attenzione sul respiro ma osservare senza forzature dove vanno i pensieri quando l'attenzione si disperde.

Questa è una pratica simile all'allenamento sportivo; non c'è cosa più utile che allenarsi per migliorare e ottenere buoni risultati.

Per quanto riguarda il condurre una vita ordinata, devo ammettere che è stata la parte più difficile, mi è costato molto abbandonare le vecchie abitudini e adattarmi a nuovi schemi; ho però capito che devo essere ordinato nella maniera in cui lo richiede il mio corpo.

Se alle nove di sera accuso forti segni di stanchezza è bene che io vada a dormire senza pensare alle mille ragioni per cui sarebbe meglio facessi questo e quello; il corpo ci parla per tutto il tempo, sta a noi ascoltarlo.

Ci sono tre ambiti della nostra esistenza che sono decisivi

per riuscire a vivere secondo i dettami del cuore: l'alimentazione corretta, il sonno e la calma.

Quello che mangiamo può determinare i nostri stati psicofisici; è incredibile la quantità di energia che abbiamo a disposizione quando mangiamo qualcosa che ci fa bene.

A forza di osservarmi, ho notato come a volte mi alimento in maniera emotiva, senza avere effettivamente fame; se sono triste, stanco e voglio trattarmi bene mi mangio un bel pezzo di cioccolato; se nel farlo mi giudico, posso anche mangiarmi tutta la tavoletta, se non mi giudico e prendo quel gesto come una coccola allora smetto non appena fa capolino il senso di sazietà.

Il sonno è invece un bisogno primordiale, dicono che quando dormiamo poco la nostra sensazione di paura è sessanta volte più forte della media; il cervello si attiva per compensare la mancanza di lucidità provocata dalla stanchezza. La nostra mente, quando dormiamo poco, è in allerta perché sa che essendo meno lucida potrebbe cadere in pericolo.

Quando dormo poco non mi riconosco, il giorno passa come se non fossi presente e mi sento un automa.

Gli animali, quando hanno sonno, dormono; l'essere umano quando ha sonno continua a fare qualcosa. Nessuno ne conosce la ragione; forse è perché non siamo soddisfatti di quello che viviamo durante il giorno, cerchiamo di strappare ore al sonno per vedere se arriviamo a sentirci in pace prima di addormentarci...

Anche la calma come attitudine di vita è stata oggetto di discussione nel corso di questo libro ed è emerso che vivere la vita senza rinunciare alla fretta è difficile, ma è altrimenti impossibile tenere la mente calma vivendo nell'affanno.

Come fare, allora? Tutte quello che vorremmo ci capitasse nella vita ha a che fare con il concetto di come metterlo in pratica. Ciò che ci accade è uno strumento che serve a capire quanto vicino o lontano da me stesso mi trovo. Il vero allenamento consiste nell'osservare e cercare di capire le circostanze invece di sentirsene vittima.

Se ci sentiamo male forse è un segnale del fatto che siamo

usciti dal nostro stato mentale di pace; ma con il tempo ci accorgiamo che questo stato di pace è sempre a nostra disposizione. La vita è un continuo processo di resa a questa pace, qualsiasi sia lo stato: di allegria, rabbia o confusione con il quale ci accostiamo ad essa.

I sentimenti scomodi, il denaro e tutte le cose del mondo esistono per aiutarti a scoprire te stesso.

Byron Katie

Concediti cinque anni di tempo

La chiamata alla vita autentica è propria degli esseri umani ed è per questo che siamo tutti alla ricerca – alcuni in maniera più cosciente di altri – di questo stato esistenziale.

Ci mettiamo a cercare per vedere se riusciamo a raggiungere la pace mentale; alcuni la cercano nella coppia, altri nella solitudine, altri ancora nella moltitudine o nella droga; alcuni cercano «un maestro illuminato» che possa indicare loro la via e faccia sparire la paura, altri aspirano a trovare una tecnica magica... Quando ci accorgiamo che è possibile liberarsi dalle paure, vogliamo che accada il più in fretta possibile; in qualunque modo, tutti cerchiamo un punto d'appoggio per compiere il salto verso l'autenticità e l'illuminazione, e desideriamo che ciò accada in maniera rapida e indolore.

La nostra mente si nutre di date e scadenze e di ciò che è misurabile: ecco perché sento di dovervi dire che ci impiegherete cinque anni. Dandovi una scadenza, nutro la vostra fame di controllo e allo stesso tempo non vi metto fretta.

Molti di voi mi contesteranno: «Cinque anni? Non ho tempo, non posso aspettare così tanto!» ma sarà la paura a parlare.

In cinque anni possono cambiare moltissime cose: possiamo consolidare una carriera, conoscere la persona che sposeremo, guadagnare a sufficienza per comprarci una casa. Chissà perché lo stesso tempo sembra tantissimo se si tratta di liberare la nostra mente.

In realtà cinque anni sono pochi; dovete considerare che il

cambiamento che metterete in atto sarà per sempre e che l'importante non è arrivare alla meta: è il processo che vi ci condurrà che sarà in grado di trasformarvi davvero. La pace arriva quando ci mettiamo in cammino, e nel processo di cambiamento conta ogni momento.

Se ti dai cinque anni di tempo ti concedi implicitamente un po' di respiro: ogni volta che cadrai e ti giudicherai, dentro di te saprai che fa parte del processo e non ti lascerai spaventare.

Ti consiglio allora di mettere da parte il denaro per comprare la casa della tua pace personale, di guardar crescere il rapporto con te stesso, di studiare per conoscerti a fondo. La tua sarà una carriera tecnica, prevalentemente pratica: in cinque anni avrai imparato talmente tante cose di te che ti guarderai indietro senza riconoscerti, avrai cambiato completamente le abitudini dei tuoi schemi mentali.

La mia esperienza, a dir la verità, non è durata cinque anni ma quindici; te ne suggerisco meno perché in realtà è questo il tempo giusto per raggiungere il cambiamento: quello che cerchiamo è in noi e bisogna solo avere il tempo di tirarlo fuori.

Durante il mio percorso di ricerca mi sono spesso ingannato, autoconvinto e suggestionato. Ci pensava la vita a reindirizzarmi e le sarò sempre grato per questo.

Cinque anni, in fin dei conti, non sono molti; farai in tempo anche ad accorgerti di aver sbagliato e a ricominciare tutto da capo, l'importante è che tu li viva intensamente, ascoltando fedelmente ciò che nasce dentro di te e accettando le critiche altrui, i tuoi stessi timori e i tuoi stessi giudizi.

Dopo cinque anni di vita autentica la mente inizia ad accettarla e apre finestre per lasciar passare ventate di aria nuova. Non ti ingannare però, non dire che lo stai facendo quando sai benissimo che non è così, non fermarti nel mezzo del cammino perché sarà peggio che non muoverti affatto.

Dedicati a quello che riempie davvero il tuo cuore, a qualcosa che ti fa bene, che ti piace, e che potresti offrire a chi vuol migliorare le sue condizioni di vita. Per poco che sia, sarà comunque abbastanza.

Come dice Elisabeth Kubler:

È importante fare solo ciò che ci va di fare. Possiamo essere poveri e affamati, ma vivremo pienamente e alla fine dei nostri giorni benediremo la nostra vita perché avremo fatto quello che dovevamo.

Impegnati in qualche pratica meditativa: drenerai una buona parte dei pensieri assurdi che affaticano la tua mente e ti aiuterà nella comprensione.
Soprattutto, fai quello che ti fa bene, non vivere di fretta, riposa. Quando non riposiamo e corriamo senza coscienza di quello che facciamo, la paura si converte in un nemico imbattibile.
Ma soprattutto, mi raccomando, non dare retta a me, fai quello che è più giusto per te, però fallo.
Non c'è nulla da raggiungere, nessuna battaglia da vincere, i nemici sono solo nella nostra mente, e la parte più difficile è vederli.

Felicità non vuol dire avere continui eccessi d'allegria. Non vuol nemmeno dire una vita senza difficoltà. Felicità vuol dire vivere sempre con una mente in pace.

Kunio Shohei Nomura

È *difficile*

Non voglio ingannarti: qualsiasi cosa tu abbia fatto della tua vita finora, il cambiamento dalla paura all'autenticità del cuore sarà il più radicale che tu possa compiere.

È per questo che ho iniziato il libro rivolgendomi alle persone che hanno sentito la chiamata in maniera prorompente: sono in tanti a non vedere nessun senso nel dedicare energia alla trasformazione personale e nel rompere le invisibili catene che ci legano a ciò che è socialmente conveniente.

È un passo doloroso: perdere ciò che è stato fa male, costa fatica mostrarci nudi, ma a questo punto non si tratta più di una scelta, è un imperativo morale.

Non è scritto da nessuna parte e in maniera precisa ciò che può succedere nel processo di trasformazione; però mi sento di garantire due cose:

1) anche se a volte soffriremo, se seguiremo il cammino del cuore saremo in pace con noi stessi e in armonia con la vita;
2) la sofferenza mentale sarà tanto più acuta quanto più ci discostiamo dalla nostra autenticità. L'uccello che non vola sopravvive, ma soffrirà per sempre.

Ci piaccia o no, è un passo rivoluzionario che può davvero illuminare il senso della nostra vita, perché in fondo essa non è altro che trasformazione continua; il nostro destino è evolvere verso un livello di comprensione più alto e di sintonia con la nostra vera esistenza; e anche quando tocchiamo il fondo, quando la paura sembra non abbandonarci, siamo in cammino, con tutte le fatiche che prevedono i percorsi.

All'inizio, quando presterai ascolto a ciò che dice il tuo cuore potrai sentirti confuso; dovrai osservarti molto ed essere altrettanto paziente: avrai paura, ma se segui ciò che nasce dal profondo, la pace mentale verrà da sé, senza bisogno né di cercarla né di chiamarla.

È un processo che richiede tenacia e costanza e che porta ad attraversare zone d'ombra e di dolore; la carriera, il matrimonio, qualsiasi cosa è più semplice di questo viaggio che darà la svolta alla tua vita. Ti verrà spontaneo desistere ma poi, ogni volta che starai per mollare, chiediti se c'è qualcosa in questa vita che valga di più del raggiungimento della pace interiore.

Dice Krishnamurti: «Se eri diretto a nord, vira verso sud», come a dire che è giusto provocare cambiamenti radicali nella propria vita.

Solo chi non ce la fa davvero più è spinto ad affrontare le proprie paure; tutti gli altri le schiveranno nascondendosi, è l'automatismo più scontato che ci sia.

Ciò che conta davvero

«Se la tua priorità non è risvegliarti sei fregato; se sei in cerca ma ti limiti a vivere la vita che vivono tutti sei fregato, un po' meno, ma lo sei ugualmente.»

Paul Lowe

Abbiamo bisogno di evolverci per integrare nel nostro sistema quel potente strumento che è la mente, e quando riusciremo a metterla al nostro servizio potremo vivere definitivamente in maniera naturale e autentica senza barriere che lo impediscano.

La convinzione diffusa in questi tempi va nella direzione opposta: pensiamo, sbagliando, che la nostra mente evolverà seguendo naturali processi evolutivi (più o meno come quelli che portano ai cambiamenti nel corpo), dimenticando che essa ha bisogno di essere educata e plasmata e che tale attività va coltivata con più attenzione e costanza di tutte le altre svolte durante la nostra vita.

Dobbiamo dare energia alla nostra mente e lasciarle tutto il tempo di cui ha bisogno per coltivare la pace mentale osservando la realtà in complicità con la vita.

Io credo che il senso delle nostre esistenze sia evolvere come individui e come specie: si può crescere in accordo con la società o con la vita o con entrambe se coincidono. Sei convinto di poter scegliere, ma è la vita che ha già scelto per te, se corrisponda o meno alla tua idea di vita, è secondario: dipende da te farlo ridendo o soffrendo.

Non lottare con la vita, nessuno ha mai vinto.

Dicono che da quando esiste l'essere umano sono morte oltre centoquaranta milioni di persone. In questa lista, prima o poi, compariremo anche io e te.

Nel frattempo, vivi.

Sommario

Introduzione ... 7
A chi mi rivolgo ... 9
Il nostro futuro sarà diverso ... 11
Vivere in un sogno ... 14
Un coccodrillo in laboratorio ... 15
Attiva il pilota automatico ... 16
L'intuizione ... 18
Sulla paura ... 21
I due tipi di paura ... 23
Il paradosso ... 25
Il cervello non è fatto per pensare ... 26
Quando ho perso il mio punto di riferimento interiore ... 30
L'adulto che vive seguendo un riferimento esterno ... 34
La fine della paura ... 37
La paura di non essere come gli altri ... 39
Il RAS (Sistema di attivazione reticolare) ... 42
Avvicinatevi al limite ... 44
Niente da perdere ... 47
Che cosa vuol dire saltare? ... 49
Non mi interessa ... 51
Sbagliare è impossibile ... 52
Come vivrei... ... 54
Un uomo molto colto ... 56
La mia missione in quattro step ... 58
Spontaneità *versus* impulsività ... 59

Se una persona decide di essere se stessa	61
La terza legge della morale di Kohlberg	62
Una vita di corsa	64
Suicidati ma non ucciderti	66
Una tendenza innata	68
L'uomo d'affari e il pescatore che vive autenticamente	69
Che furbo che sei!	71
Se io potessi vivere di nuovo la mia vita	73
La morte	75
Le scuse dell'uccello che non voleva più volare	77
«Non piangere, non indignarti, capisci» (Baruch Spinoza)	79
La felice vita in cattività	81
Attaccati a ciò che ti fa stare bene	84
Siamo arrivati al punto più alto della nostra civiltà?	86
La sicurezza	88
L'opportunità	90
Una civiltà in cura	92
Trattato personale di nutrizione	94
Alla ricerca di uno stato mentale	96
Il successo	98
Seguire la chiamata interna	100
Se ti muovi, verrai giudicato	102
Cosa andrà di moda la prossima stagione?	104
Schemi comportamentali	106
Le fasi della vita	108
Il denaro	111
Non fare nulla per denaro	113
La rivoluzione umana	116
Il tipo antisociale	117
Il tipo sociale	119
L'accettazione	122
Il suicidio del cervello	125
Sensibili al dolore degli altri	126
La fretta	128
Evasori professionisti	131

L'equilibrio interiore 132
Scopri come fare 133
Concediti cinque anni di tempo 138
È difficile 141
Ciò che conta davvero 143

MYLA E JON KABAT-ZINN
IL GENITORE CONSAPEVOLE

Essere genitori consapevoli è un compito arduo, impegnativo e a volte stressante. Ma è importante, perché il modo in cui viene svolto influenza in misura decisiva il cuore, l'anima e la coscienza dei nostri figli da adulti. Questo manuale presenta una via saggia e convincente per coltivare quella consapevolezza, offrendo una serie di nuove prospettive illuminanti: abituarsi a immaginare il mondo dal punto di vista del bambino; intuire come ci vedono i nostri figli, come percepiscono i nostri gesti, le nostre parole; esercitarsi a considerare perfetti i propri figli per come sono e non per quello che vorremmo che fossero e, quindi, riconsiderare le nostre aspettative su di loro.
Con linguaggio semplice e l'analisi delle svariate problematiche legate alla crescita del bambino e dell'adolescente, gli autori intendono dare un aiuto concreto a tutti i genitori: limitarsi a eseguire meccanicamente i compiti che spettano a un padre e a una madre non serve al bambino, che invece ha bisogno di essere aiutato a sviluppare il proprio sé autentico. Per poter quindi svolgere al meglio il «mestiere» di genitori è necessario praticare la meditazione, che serva a ricaricare di energie positive, da usare a beneficio dei propri figli.

CORBACCIO

FRANÇOIS STÉVIGNON
È FACILE LIBERARSI DAL MAL DI SCHIENA SE SAI COME FARLO

Quando abbiamo mal di schiena cerchiamo di rinforzare la muscolatura, prendiamo antidolorifici, evitiamo gesti che ci provocano fitte... Ci limitiamo a concentrarci sui momenti in cui la nostra schiena è sollecitata e ci dimentichiamo del 90 percento del tempo restante. Quando non riflettiamo sulla nostra postura, ci stravacchiamo a vedere la televisione, leggiamo a letto, stiamo chini sulla tastiera del computer. L'autore insegna ad analizzare le vere cause dei nostri dolori e doloretti cronici, lavorando sull'arco di tutta la nostra giornata, sulle cattive abitudini che abbiamo acquisito e di cui non ci rendiamo nemmeno più conto e sull'adattamento dell'ambiente circostante alle nostre esigenze. Un lavoro semplice, quotidiano, ma profondo che garantisce risultati sorprendenti e duraturi, senza chirurgia e anti-infiammatori.

CORBACCIO

BERNARDO STAMATEAS
È FACILE LIBERARSI DEI ROMPIPALLE
SE SAI COME FARLO

Quotidianamente conviviamo con un numero sorprendente di rompipalle. Sul lavoro, a scuola, in famiglia, nelle istituzioni, persino tra gli amici si annidano individui la cui personalità è per noi «tossica»: toglie serenità, influenza negativamente le nostre azioni e i nostri pensieri, ci «ammala la vita»!
Quello che importa però è che, nonostante la loro presenza, noi proseguiamo verso la meta senza farci fermare da chi non gioisce dei nostri successi. Dobbiamo imparare a disprezzare l'opinione delle persone nocive, a liberarci da coloro che criticano sempre e da tutto ciò che fanno e dicono.
In questo libro, Bernardo Stamateas dedica ciascun capitolo a una categoria specifica di persone nocive e insegna una serie di tecniche da mettere in pratica per liberarsi da loro e trovare finalmente la strada per l'autonomia mentale, una strada sgombra dai falsi sensi di colpa che gli altri ci hanno riversato addosso. Impariamo ad andare dritti al nostro scopo: senza rompipalleve intorno è facile!

CORBACCIO

WAYNE W. DYER
IL MIO SACRO DESTINO

Non è un'esagerazione affermare che Wayne W. Dyer è un guru del self-help, il maestro di tutti gli attuali life-coach, che in momenti di difficoltà ci aiutano con le loro riflessioni semplici ma confortanti. Quest'ultimo libro è un regalo che Dyer fa a tutti i suoi lettori: è la storia della sua vita spirituale. Non è un'autobiografia: in *Il mio sacro destino* Dyer si concentra su quegli eventi, quegli incontri, quegli studi che gli hanno consentito di approdare a un'esistenza ricca di significato. E raccontando come passo dopo passo ha riconosciuto e accolto l'essere spirituale che è in lui, insegna a ciascuno di noi a fare altrettanto e a cercare il nostro personale destino di felicità su questa Terra. Questo è il libro più importante del più grande life-coach di tutti i tempi, la sua opera più ambiziosa: la storia di una vita trascorsa a cercare il significato delle cose e la felicità alla quale tutti noi abbiamo il diritto di aspirare.

DR. MICHAEL MOSLEY CON PETA BEE
ESERCIZI FAST

Accolta dal *New York Times* come «una rivoluzione nel mondo della salute», la *Dieta Fast* di Michael Mosley, nota anche come dieta 5/2, ha dato al mondo un nuovo modo sano di perdere peso mediante il digiuno intermittente. Ora il dottor Mosley affronta il complemento essenziale alla Dieta Fast: insieme a Jamie Timmons, specialista di scienza dello sport, e alla giornalista Peta Bee, esperta di fitness, con *Esercizi Fast* rivoluziona le regole dell'esercizio fisico. In linea con le più recenti ricerche sull'allenamento ad alta intensità (HIT), *Esercizi Fast* abbandona i programmi di esercizi lunghi e noiosi, dimostrando che basta mezz'ora alla settimana per abbassare i livelli glicemici nel sangue, ridurre il rischio di malattie, aiutare a perdere peso e migliorare la salute generale. Gli autori propongono una serie di esercizi che necessitano solo di dieci minuti al giorno, tre volte alla settimana, e possono essere svolti ovunque in qualsiasi momento. Le ricerche hanno dimostrato la straordinaria efficacia dei brevissimi esercizi di HIT, sia che si tratti di pedalare ad alta intensità aspettando che l'acqua bolla per il tè, sia che si eseguano flessioni durante uno spot pubblicitario, a qualunque età e con qualunque livello di preparazione atletica.
Michael Mosley e Peta Bee rivelano i meccanismi alla base di questo approccio radicalmente diverso all'esercizio fisico e forniscono gli strumenti per utilizzare il metodo più flessibile ed efficace attualmente esistente. I vantaggi sono tantissimi, cosa aspettate a incominciare?

CORBACCIO

Fotocomposizione:
Nuovo Gruppo Grafico S.r.l. - Milano

Finito di stampare
nel mese di gennaio 2015
dalla Grafica Veneta S.p.A.
di Trebaseleghe (PD)
Printed in Italy